싫든 좋든 학교차는 존재한다

김선호金善鎬

고려대학교 법학과 수학, 미국 시카고대학교에서 비교교육학 석사, 밴더빌트대학교 조지피버디사범대학에서 철학박사(Ph. D, 비교교육), 미국 미들테네시주립대학교 사회학과 부교수, 경희대학교 교수, 사범대학장(1977-1981), 교육대학원 원장(1981-1984), 한국비교교육학회 회장(1985-1988), 현 자유지성 300인회 공동대표. 저서로는 「교육사회학」, 「사회와 교육」, 「한국의 중층문화」, 「사회계층과 교육」, 「평등부부 만들기」, 「대학인과 생활인」, 「대학입시제도와 대학교육」 등이 있다.

싫든 좋든 학교차는 존재한다

초판 인쇄 2007년 8월 1일   **초판 발행** 2007년 8월 5일 | **지은이** 김선호 | **펴낸이** 장말희 | **펴낸곳** 도서출판 장락 | **표지 · 편집** 임은경 | **영업** 홍정현 | **출판등록번호** 제 21-251호 | **주소** 463-020 경기도 성남시 분당구 수내동 11-1 청구블루빌 915호 | **전화** 031-716-7306 **팩스** 031-716-7319 | ISBN 978-89-91989-06-1 03300 | ⓒ 도서출판 장락 2007, 김선호 | 잘못된 책은 바꿔드립니다. 저자와 협약 아래 인지는 생략합니다. | **값 10,000원**

싫든 좋든 학교차는 존재한다

김선호 지음

도서출판 장락

차 례

서문

우리나라 학교교육제도, 즉 학제는 6-3-3-4제로서 이 학제 안에는
학교 입학과 졸업의 중요한 관문이 모두 8개가 있게 된다. 교육기관에
서 통용되는 관문關門의 뜻은 학교선생님들이 지키고 서 계시는 교문이
란 의미와 입학과 졸업에 엄격한 격식을 거친다는 의미가 담겨 있다.
그러나 교육의 민주화 추세 덕분에 초등학교의 입학과 졸업, 그리고
중학교 입학은 어차피 의무교육의 특전을 입었기에 당락을 결정짓는
엄격한 관문통과절차가 용이하게 되었다.

그러나 매해 우리나라의 모든 13, 4세의 중3 학생들은 실업계와 인
문계 고교 중 어느 쪽을 택할 것인지를 고민하고 단호한 결단을 내려
야 하며, 17, 8세의 인문고 고3 학생들은 대학입학이란 관문을 어떻게
통과할 것인지를 고심해야 한다. 중3과 고3 학생들에게는 인생의 진로
가 결정되는 중요한 관문통과의 문제가 기다리고 있는 것이다.

이때 모든 해당 학생들과 학부모 그리고 일반 시민들도 이 세상에는
모순이라는 것이 실제로 존재한다는 것을 실감하게 된다. 인생의 모순
이 진학하는 학생들에게 닥쳐오는 까닭이다. 그것은 평등과 경쟁이란
상치된 민주주의 이념이 내포한 모순된 갈등이다. 우리나라 학제가 가
장 모범적이고 표준화된 민주주의 평등교육을 상징하는 단선형학제인
것으로 생각했는데 학생들의 성적을 기준으로 실업계와 인문계고교로
학생들을 차별해서 갈라놓기도 하고 또 성적격차를 구실로 일부 지원
자들에게만 대학입학을 허락하는 불평등 주의를 감행한다는 것을 알

게 되니 참으로 '몹쓸 나라다' 하는 생각이 새삼 들 것이라는 것이다.

알고 보면 우리가 사는 이 세상은 성적의 격차뿐만이 아니라, 직업과 수입의 격차가 있는 것이고 또 문화 환경의 격차로 그것이 학생들의 성적에도 영향을 끼친다는 것을 알게 된다. 이런 격차가 사회제도가 그릇되어 발생한다고 말하는 사람들이 있다면, 즉 이런 격차는 자본주의국가나 미국과 같은 패권국가에게만 있는 것이라고 말한다면 이럴 때 젊은 학생들은 그렇게 말하는 사람들에게 이렇게 물어보라고 권하고 싶다. "그럼 어떻게 학교제도를 만들어야 실업계와 인문계로 선별해서 갈라놓거나 또는 대학진학을 원하는 학생들을 모두 진학시킬 수 있는 사회와 제도를 만들 수 있습니까?" 그러나 질문하는 학생들도 알고 있듯이 그런 제도를 가진 나라는 없다. 싫든 좋든 개인차와 학교차는 우리나라에도 존재할 수밖에 없다.

필자는 영리한 우리 젊은 학생들과 학부모, 일반 성인들과 더 이상 교육평등과 교육평준화시책에 대한 논쟁을 벌이고 싶은 생각은 없다. 이 책에서 충분히 설명했다고 믿는 까닭이다. 물론 충분히 설명했다고 해서 아무런 문제가 없을 거라는 자만에 흐르는 일은 없을 것이다. 독자 여러분의 지도편달을 바라 마지않는다. 끝으로 자료수집과 확인과정에서 많은 도움을 준 한국사립초중고등학교 법인협의회의 이현진 부장과 이혜원 선생, 청강문화산업대학의 양덕수 정보관과 이정은 선생께 감사드린다.

2007년 7월 25일

필자 金善鎬

7

제1장

중층문화를 표방하는 학교

필자는 1933년 봄, 만 7세가 되던 해 보통학교에 입학했다. 그 당시 일본 아이들이 다니던 학교는 소학교라고 불렀고 한국 아이들이 다니던 학교는 보통학교라고 불렀다. 바로 지금의 초등학교다. 한국인과 일본인 간의 차별은 이처럼 학교명칭에도 반영되었을 뿐만 아니라 일본인들의 학교는 소학교·중학교·대학이라는 격식을 차린 학제인 데 비해 한국인들이 다닐 수 있는 학교는 상급학교 진학이 되도록 억제된, 대학이 없는 학제였다. 우리는 8·15 광복을 맞은 후에야 비로소 독립국가로서 제대로 격식을 차린 학교제도를 가질 수 있었다.

　　필자가 그때 입학한 학교는 충청북도에서 청주에 있는 학교 다음으로 큰 보통학교였다. 그런데 이 학교의 명칭은 충주 교현고등보통학교였다. 보통학교에 '고등'이라는 수식어가 붙은 이유는, 보통학교 6년을 이수한 학생들 가운데 원하는 학생은 2년제 고등부에 더 다닐 수 있었기 때문이다. 그러나 일본 아이들은 이런 2년제 고등부에 다니는 일이 없었으며 곧 중학교에 진학했다. 2년제 고등부를 나오면 그것으로 학교공부는 계속할 수 없었고 중학교로 진학할 수도 없었다. 그리고 보통학교 6년 졸업 후 가게 되는 중등학교도 갑종(5년제)과 을종(3년제)이 있었는데, 을종은 주로 한국인을 위한 학제였다고 생각된다. 한국인은 그 3년제를 나오면 대학으로 진학할 길이 없었다. 식민지교육에서 식민지의 주민들을 차별하는 것은 당연한 일이었겠지만 당시 어린 학생들은 아무 생각 없이 학교에 다녔다. 그나마 보통학교라도 다닐 수 있었다는 것을 다행으로 여겨야 할지 모르겠다.

　　필자는 보통학교 교육에 특별한 의미를 부여한다. 그 이유는 우선, 일제강점기에 우리가 받던 보통학교 교육이나 독립 후 운영된 학교교육을 막론하고 보통학교 교육(초중등교육)이 우리나라 발전에 공헌한

점이 지대하다는 생각 때문이다. 즉 학교가 구습과 이른바 하류계층의 문화를 타파하는 데 각별한 역할을 했다는 것이 첫째 이유며, 둘째 이유는 교육의 민주화(평등)를 이루는 데 선지자적 역할을 한 것이 곧 일제강점기의 보통학교 교육이라고 생각하기 때문이다.

일제강점기의 보통학교 교육이 일본 고유의 것이라고는 할 수 없다. 왜냐하면 일본의 교육제도는, 메이지유신 때 근대화를 이루기 위해 일본이 엄청난 재정적 희생을 감수해 가며 독일과 기타 유럽 선진국에서 서양의 여러 사회제도를 그대로 들여왔고, 그 가운데 서양의 근대적 교육제도를 과감하게 수용한 것이기 때문이다. 그 성과는 대단했다. 특히 구습과 하류계층문화를 개선하기 위해 모든 역량을 동원해서 이른바 중간계층문화를 보통학교에서 가르치기로 했던 것은 그 당시 전 세계 모든 보통학교에서 교육목표로 삼았던 것이다. 학교는 중간계층문화(이하 중층문화)를 표방하는 교육기관이라는 교육 모토는 미국을 비롯한 서양에서 지금까지 이어져 내려오는 교육이념의 근간을 이룬다. 따라서 일제강점기의 일본식 교육이 단순히 식민지교육의 일환이라는 오해는 일단 버리고 설명을 계속할 필요가 있다.

1. 새로운 형태의 교육 도입

일반서민층에 보통학교 교육이 제도적으로 실시, 보급된 것은 일제강점기에 시작된 일이다. 비록 일본에 의한 것이었지만 이는 우리나라 역사상 매우 중요한 사건이라 할 만하다. 우리나라 근대교육사에서 이는 첫 번째로 큰 의미를 지닌 일로 여긴다. 두 번째는 8·15 광복 이후 우리나라에 독립적 신식교육제도(학제)가 생긴 것이며, 세 번째 교육 혁명은 새마을교육(성인교육)일 것이다. 그리고 네 번째 혁명적인 사건은 1968-1974년에 도입, 실시된 교육평준화정책이라고 보는데, 이것은 우리나라의 교육을 이후 매우 불안한 방향으로 가게 했다는 점에서 중대한 사건임에 틀림없다. 마지막으로 1999년 전국교원노동조합(전교조)이 정부에 의해 합법화된 사건을 다섯 번째 큰 사건으로 본다. (이에 대한 자세한 설명은 다음 장으로 미룬다.)

새로운 형태의 교육, 즉 신 학교교육이 일제에 의해 도입되어 지금까지 시행되고 있는데, 서양에서는 학교교육을 형식적 교육Formal education[1]이라고 부른다. 왜 그런 명칭을 사용하는지 그에 대한 설명과 더불어 현대적 의미의 형식적 학교가 생긴 이면에 어떤 사회변화가 있었는지도 알아볼 것이다. 또한 형식적 학교교육이 어떤 교육이념으로 건립되었는지 그리고 학교가 '중층문화'를 표방한다고 하는 말이 어떤 의미인지도 알아볼 것이다.

그러면 형식적 교육은 무엇이고 비형식적 교육은 무엇인가. 서양문화에 익숙하지 않은 사람들에게 이 형식적이라는 낱말은 알맹이는 없고 겉모습만 그럴 듯하다는 부정적인 의미로 이해되기 쉽다. 그러나 여기서 말하는 형식적이란 말은 내용이 없이 형식만·차리는 교육이라는 뜻이 아니라 내용은 물론이고 거기에 격식이 더해졌다는 뜻이다. 따라서 가정교육은 형식이나 격식이 없는 자유로운 비형식적 교육인데 반해 학교교육은 여러 가지 격식을 갖춘 형식적 교육이다. 가정에서 교육을 하면서 문패 대신 ○○가정학교 또는 ○○교육연구소라는 간판을 내걸지는 않는다. 그러나 형식적 학교교육에서는 교문에 학교이름을 표시하는 그런 격식이 취해진다. 형식적 교육은 교육법 또는 교육시행법과 같은 격식을 차리는 것이 그 특징이기도 하다.

또한 가정에서 행해지는 교육에는 일정한 시간표가 없다. 그러나 학교생활은 일정한 시간표가 있어서 모든 교육이 시간표에 따라 이루어진다. 그리고 가정교육에서 교사노릇을 하는 아버지나 어머니가 공적인 교사자격을 갖춰야 하는 것은 아니다. 부모자격이면 가정에서 자녀들에게 필요한 가르침을 줄 수가 있다. 언니나 형이 동생을 가르치는 경우도 마찬가지다. 그러나 형식적 학교교육에서는 사정이 다르다. 선생이 될 사람은 일정한 사범교육을 받아야만 교사자격이 인정된다.

형식적 교육을 하는 학교에서는 특정다수의 피교육자, 즉 학생을 상대로 하는 까닭에 여러 가지 규칙이 필요하다. 학교에서는 학생자격이 엄격하게 지켜져야 한다. 성인은 제외되고 학교교육 연령에 해당하는 아이들만 입학이 허용된다. 교과과정이 편성되어 있으며 각 학과교육에서 교육목표가 어느 정도 달성되었는가를 평가하기 위한 시험이 치러지고 성적표가 배부된다. 시험은 교육평가방법의 하나에 불과하다. 그러나 시험 가운데에도 필답시험이 평가방법의 주류를 이루고 있다. 그러나 예체능 과목에서는 필답시험이 적합하지 않다 해서 실기시험을 치르기도 한다.

학교는 학급단위로 수업이 진행되고, 학년에 따라 교과목의 난이도가 달라지며 학년진급에 실패하면 그 학년을 재수해야 한다. 우리나라에서는 최근까지 대학에서도 학년제 진급만 허용되었지만 외국에서는 고등학교에서부터 학과이수학점에 따라 졸업에 필요한 학점만 따면 졸업이 가능하다. 이러한 학점제를 따르는 학교에서는 학생들이 과목담당선생의 교실을 찾아다니며 수업을 받게 된다. 학년제에서는 같은 학년에 속하는 학생들이 모여 있는 반班 또는 학급學級 교실을 찾아 교사들이 이동한다. 지금은 초등학교 저학년 학생들이라도 교과진도나 개인지도의 특수성에 따라 학생들이 교사를 또는 교사가 학생들을 찾아가는 수업형태가 유행한다.

학교교육에는 학교제도라는 격식이 있는 까닭에 이를 학제라 부르기도 한다. 학제의 기본구조는 초등학교·중학교·고등학교로 구분되며, 학교등급에 따라 교육목표가 다르게 교육법에 규정되어 있다. 교육법에는 교과목의 난이도가 다르다는 것을 표시하고 있으며 교육목적도 다르다는 점을 명시하고 있다. 학과목의 난이도와 학습내용은 교육과정, 사회적 욕구, 그리고 교육철학 등 3부 영역의 전문가로 구성된 교과심의위원들이 심의결정하게 되어 있는 것이 교과서적 진리다.

2. 학교의 출현과 사회변화

현대적 의미의 형식적 학교가 출현했을 때 사회와 가정은 예상치 못한 여러 가지 영향을 서로 주고받았다.

미개사회에서 가정은 여러 가지 임무를 종합적으로 담당했다. 아이를 낳는 것도 가정(집)에서 일어나는 일이었고, 아이들을 무사히 양육하는 것도 가정의 임무였다. 의사가 따로 없으니 가족이 병이 나면 민간요법 등으로 가정에서 해결했고, 종교도 가정이 중심이 되어 자연신이나 조상신을 믿고 굿을 하거나 했다. 먹을 것을 찾아다니고 농사를 짓는 일도 가족이 중심이 되어야 했고, 농사기술 또는 가사도 윗사람이 아랫사람에게 대를 이어 가르쳤다. 그러나 시대가 변해 산업사회를 맞게 되자 사회의 일원이 되기 위한 교육의 형태와 주체가 달라져야 했다. 그러자면 전통적으로 가정이 맡았던 여러 가지 기능과 역할을 대신할 새로운 기관을 만들어 위탁해야 했다.

이러한 사회변천과 필요에 따라 등장한 새로운 기관들은 병원, 학교, 공장, 회사, 정부기관(입법, 사법, 행정), 은행, 군대, 종교단체, 악단, 무용단, 극장, 신문사, 사설탐정소, 직업소개소, 과학연구소 등의 각종 연구소, 백화점, 철도회사, 버스회사, 우체국 등등 헤아릴 수 없이 많아졌고, 이에 종사하는 직업 또한 수천, 수만 종류로 세분화되었다. 산업화, 도시화, 관료화가 급속도로 발전하면서 현대사회의 면모를 크게 바꾸어 놓았던 것이다. 그러면서 사람들은 서로 하는 일이 달라도 인간은 결국 서로 협동하고 상호부조해야 한다는 진리를 깨닫게 되었다. 1940년대에는 동물(고등동물과 하등동물)과 생물세계에서 상호부조하기 위해 어떻게 살아야 하는가 하는 실제사실에 관심이 커졌고 이를 연구 발표하는 학자들이 쏟아져 나왔다.

구습과 하류계층문화를 타파하는 역할을 담당하는 학교교육은 지금도 계속되고 있지만, 1933년에 필자가 보통학교에 입학했을 때와 지금의 사회생활에서 구습과 하류문화의 기준은 다를 수밖에 없다. 이 점에 관해서는 중층문화와 학교에 대해 이야기할 때 재론할 것이다.[2]

3. 가정과 다른 학교

필자가 충주 교현보통학교에 다닐 때만 해도 시골에 사는 아이들 가운데 통학거리가 10리(약 4㎞) 또는 20리 되는 아이들도 있었고, 남학생의 경우 결혼을 해서 아내 되는 사람이 점심밥을 가져다주는 경우도 있었다. 6학년 60명 정원에서 두세 명 정도는 결혼한 학생이었다. 필자 나이 겨우 13세였을 때 동급생 중에 기혼남자가 있다는 게 나로서는 참 신기하기만 했다. 그러나 결혼한 동급생을 놀리거나 따돌리는 일은 없었다. 당시 우리에게 결혼 여부는 관심 밖의 일이었다.

서양교육사를 보면, 영국에서 보통학교가 설립된 연유는 성인보다 임금賃金이 낮은 어린 아이들이 성년 노동자들과 취업경쟁을 하는 까닭에 이를 막기 위해 탁아소처럼 학교를 만들기 시작한 것이 그 시초라고 한다. 그리고 경우에 따라서는 동네에서 노는 아이들에게 글씨를 가르치기 위해 글을 아는 어머니들이 자기 집에 아이들을 모아놓고 글을 가르치던 관습을 없애고 나라가 정식학교를 지어 자격을 갖춘 교사를 세금으로 채용했다는 것이다.

미국에서는 1642년에 보스턴에 처음으로 공립초등학교가 설립되었다. 그리고 이를 시작으로 미국 전역에 사립학교가 아닌 공립학교 설립이 이루어졌다. 공립초등학교 설립은 오랜 세월을 두고 진행되었으며, 1865년에 남북전쟁이 종료되면서 비로소 미국 전역에 공립초등학교 체제가 확립되었다.

그러면 가정이라는 울타리를 벗어나 학교에 입학하는 학생들이 가정과 학교가 다르다는 것을 어디에서 느낄 수 있을까. 우선 달라진 외적 환경에서 느낄 수 있겠고, 집에서와는 달리 학교에서는 시간표에 따라

규칙적인 생활을 해야 된다는 것으로 알 수 있을 것이다. 또한 교과서를 보며 독서산(읽기·쓰기·셈하기)과 같은 지식교육을 받아야 하는 것과 학교생활에서는 집에서 하듯이 자기 감정대로 짜증을 내거나 응석을 부릴 수 없다는 것도 알게 될 것이다. 그런 것은 선생님도 친구들도 안 받아 주는 냉정한 사회가 학교라는 것을 어린 학생들은 깨닫게 된다.[3]

그렇듯 학교는 가정과 달라서 감정적인 문제해결이 허용되는 곳이 아니다. 독서산의 기본 지식을 배우고 익히는 내용자체가 합리적 이성으로 이해하고 판단할 것들이다. 특히 셈하기에서 배우는 내용은 논리적이며 합리적인 것들이다. 2+2는 4가 될 수밖에 없고, 4+4는 8이 정답이 될 수밖에 없다.

처음에 아주 단순한 초보수준의 초등학교 1학년 교육과정을 마치면 지식과 사고력의 수준은 점점 높아진다. 그래서 교육의 내용과 목표는 학년에 따라 또는 초등학교와 중등학교 또는 대학에 따라 달라지며 지식습득의 난이도와 깊이가 달라진다. 근본적으로 어느 나라나 학교와 가정의 차이는 교육면에서 판이하게 달랐고 아동교육은 초등학교가 생기면서 그 면모가 가정교육시대와는 엄연히 달라지게 되었다.

아이들은 학교에 들어가면서 책을 읽고 쓰고 셈하기를 배우는 것 외에도 여러 가지 생활양식에서 일대 혁명을 경험한다. 학교에서는 노래도 부르게 하고 그림도 그리게 하며 야구와 축구 등 운동을 가르치고 자기 개성을 기르는 기회도 제공된다. 집과 동네라는 좁은 테두리를 넘어서 폭넓게 친구를 사귀면서 사회성을 기르고 인격형성을 기할 수 있게 된다. 아동 개개인의 입장으로 보았을 때 학교는 자기 능력에 따라 인간발달의 극치에까지 올라갈 수 있는 환경과 기회를 제공해 주는 곳임에 틀림이 없다.

형식적 학교 체제는 참으로 이 세상에서 만들어진 그 어떤 제도보다 가장 유용하고 귀중한 사회제도라고 생각한다. 학교라는 것이 생기기 전에 일반 가정에서 독서산과 노래, 그림, 운동 등의 종합적, 전인적 교육을 받은 아이들은 없었다. 학교에서 종합 교육을 받은 덕택에 성인이 되어서 여가를 선용할 줄 알게 되고 지식, 예술 분야에서 자신의 개성과 특성을 개발할 수 있게 되었다.

4. 학교는 중층문화를 표방한다

'학교는 중층문화를 표방한다'는 말은 중층문화를 목표로 한다는 말이다. 그렇다면 중층문화란 무엇인가. 중층, 즉 중간계층은 사회계급을 상중하로 구분했을 때 그 중간계층이며, 이들 중간계층이 갖는 문화를 중층문화라고 한다. 상층은 과거에 살고, 하층은 현재에 살며, 중층은 미래에 사는 생활양식을 갖는다고 한다. 중층에 속한 사람들은 현재 못사는 것도 아니고 그렇다고 아주 잘사는 것도 아니지만 희망을 가지고 열심히 살면 좋은 미래가 있을 것이라 생각하고 사는 사람들이다.

무산계급, 즉 가진 것이 없는 사람들의 편을 드는 마르크스와 레닌 같은 사람들은 황금알을 낳을 수 있는 토지나 기계를 소유하고 주인노릇을 하는 사람, 즉 유산계급이 잘사는 것은 당연하다고 말한다. 따라서 가진 자는 지배자요 못 가진 자는 피지배자인 만큼 혁명을 일으켜서 계급사회를 타파하고 없애버리면 될 것이라고 말한다. 그러니까 생산수단을 공산화하면 이상사회가 온다고 하면서, 현재에 살고 미래에 살고 하는 기준은 헛소리라고 외쳐댄다.

그러나 역사가 가르치고 증명하는 사실은 그와 전혀 다르다. 서양에서는 산업혁명을 일으켜 잘살게 되었으며 한국에서는 새마을운동과 교육을 통한 정신운동을 일으키고 이것을 사회변화의 토대로 삼았던 사실이 그것을 증명한다. 서양에서는 청교도적 정신으로 근면과 절약으로 자본을 축적하고 이를 바탕으로 사업을 벌여나감으로써 부를 이루게 된 것이었다. 절약해야 한다는 중간계층적 정신교육이 궁극적으로 자본을 축적하여 사업을 확장하는 계기가 되었던 것이다. 절약이야말로 현재가 아닌 미래의 영광을 위해 필요하다는 것을 청교도들이 전 세계에 그 모범을 보였던 것이다.

새마을운동도 청교도들의 절약운동에 뒤지지 않는 국민운동이었다. 여기에 구습을 타파하는 근면, 자조, 협동이라는 한국적 정신교육이 이루어낸 역사적 성과였다. 그러나 한국적 정신교육은 어디에서 나온 성과였을까. 필자는 이것을 중층문화를 표방한 학교교육의 획기적 성과라고 본다. 이 중층문화는 물론 서양에도 있고 일본에도 있으며 일제시대의 한국 땅에도 있었다.[4] 중층문화는 과거, 현재, 미래를 막론하고 어느 특정한 나라의 점유물이 아니라는 것이 그 특징이다. 중층문화가 일제강점기의 보통학교에서부터 시작되었다고 해도 그것은 일본인이 가르쳐서 된 것이 아니다. 전 세계 어느 나라에서도 초등학교를 세우면 당연히 중층문화를 표방하게 되어 있는 것이다. 중층문화를 가르치지 않는 나라와 학교는 이 세상에 없다. 따라서 학교제도가 일본인의 전유물이 아닌 이상 우리 땅에서 일제강점기에 태동한 중층문화는 일제의 공도 아니고 전유물도 아니다.

그런데 이처럼 전 세계적으로 학교교육이 실시되는 곳이라면 당연히 하게 되는 것이 중층문화교육인데, 북한의 경우는 이러한 교육이 존재하기는 하지만 아직도 장애를 겪고 있는 것 같다. 북한에서는 오래 전부터 생산수단을 국가가 전부 장악하고 있지만 아직도 서민들이 잘살게 되었다는 말은 없다. 김일성이 해방 직후 북한에서 권력을 잡은 후, 언젠가 남한에서 간 신문기자들과의 인터뷰에서 권력을 잡은 후 병목상태와 같은 난관이 있었는지, 있다면 그것이 무엇인지를 어떤 기자가 물었다.

이에 대해 그는 말했다. "있다. 그것은 바로 인재가 없다"라는 것이었다.[5] 이 이야기는 김일성 선집에 나오는 이야기로, 그가 동사무소 같은 곳에 가서 느낀 바로는 일꾼들이 일을 제대로 못 한다는 것이었다. 물론 그는 이 문제를 해결하기 위해 곧 문맹자 퇴치운동을 벌였고 학교도 지었다. 그가 설립한 인민학교에서는 다른 나라에서 가르치는 교과목들은 물론이고 정신교육도 다른 나라에서 하는 것의 몇 배 이상 열심히 했다. 세계 어떤 학교에서나 다 가르치는 덕목인 근면, 협동, 절약, 청결, 예의, 정직 등을 전부 열심히 가르쳤다. 그런데 무에서 유를 창조하는 기적은 일어나지 않았다. 일제가 놓고 간 모든 생산수단을 손아귀에 넣고도 아무런 성과가 없었다. 일본이나 중국, 한국 그리고 심지어 월남에서도 무에서 유, 즉 생산수단이 건설되었는데 북한만이 낙오자 신세를 면치 못하고 있는 것이다. 북한에서는 천리마운동도 요란스럽게 전개되었고 공장대학도 운영했지만 전부 효과가 없었다.

북한이 이처럼 실패하는 이유는 물질 또는 생산수단이라는 물질적 요인만 그들 눈에 보이는 까닭이고, 또 그들의 폐쇄적 교육이념에서는 평등만 눈에 보이고 자유와 경쟁요소는 보이지 않기 때문이다.

전술한 바와 같이 청교도들의 절약운동 그리고 새마을운동은 중층문화가 무르익어 꽃을 피운 결과였다. 그렇다면 우리나라 학교에서 가르쳤던 중층문화교육은 어떤 것이었는지 살펴본다.

5. 학교의 중층문화 교육

필자가 6·25전쟁 후 미국 시카고대학에서 유학할 때 한 가지 특별히
기억에 남는 것은 인도에서 유학 온 학생들이 미국을 보는 시각이었
다. 그들은 미국은 물질주의에 젖어 있는 나라이고 그들 나라 인도는
정신문화가 살아 있는 나라라고 했다. 학교도 마찬가지라고 말했다.
그러나 필자가 시카고대학에서 사회인류학을 공부하면서 새롭게 알게
된 사실은, 정신이건 물질이건 모두가 문화라는 개념에 포함되는 것이
고, 물질과 정신을 따로 떼어 놓는 것은 사실에 부합되는 것이 아니라
는 것이었다. 그러므로 학교에서 가르치는 것은 물질교육이 아니라 문
화교육이라는 것이었다.

예를 들면 이런 것이다. 시카고대학의 이름 있는 교수팀이 미국의 사
회계층 연구조사를 했는데, 미국의 상류층을 다시 상하로 구분했을 때
상층은 돈이 많아서, 그러니까 재력 때문에 그렇게 불리는 것이 아니
라는 것이다. 돈이 많기로는 상의 하층 사람들이 오히려 더 많다는 것
이다. 그런데 이들 상의 하층은 최근에 그리고 빠른 기간에 재력을 갖
게 된 사람들로 상의 상층보다 오래 되지 않았으며, 상류층으로 분류
하기에는 너무나 품위가 부족하다는 것이다. 이것은 한 예에 불과하지
만 미국은 외국에서 보듯이 물질만능주의를 따르지 않는다는 사실이
주목된다. 그들이 상류층으로 분류하는 기준은 재력보다는 문화적 생
활양식 그리고 어떤 인물들과 교유하는가에 따르고 있다. 생활양식이
라고 하면 취미와 여가이용 방식 등을 고려하는 것이다.

문화는 물질을 포함한다. 그러므로 물질과 관련된 견해와 태도 등도
문화라는 범주에 포함된다는 것을 알아야 한다. 고급 승용차를 타는

사람들 가운데 사치성이 높아서 2년에 한 번씩 차를 바꾸는 사람과 10년을 두고 같은 차를 타는 사람의 견해와 태도에는 문화의 차이가 있다. 벌어들이는 돈을 한 푼도 저축하지 않고 되는대로 써버리는 사람과 돈을 아껴서 쓸 데 안 쓸 데를 가려서 쓰는 사람의 문화는 다르다. 장래를 생각해서 자녀를 대학에 보내기 위해 돈을 저축하는 사람은 중층의 생활양식을 가진 사람이다. 학교에서 가르치는 중층문화가 바로 이런 것이다. 현재의 향락을 위해 사치하고 돈을 흥청망청 낭비하는 생활태도가 옳지 않다는 것을 가르치고, 미래를 위해 계획을 세우고 오늘을 인내하며 사는 생활태도를 모범으로 하라고 학생들을 가르친다. 다음날 직장 출근도 아랑곳하지 않고 술고래가 되는 사람을 모범으로 삼으라고 가르치는 것이 아니라 술을 자제하고 다음날 출근을 생각하라고 가르치는 것이 중층문화교육이다. 자신을 억제하고 통제할 줄 아는, 중층문화를 향유할 수 있는 사람으로 교육하는 것이다.

인도학생이 생각하는 것과 달리 정신은 물질과 별개의 것이 아니다. 이제 학교사회의 구조를 더 포괄적인 문화라는 개념을 이용해서 파악해 보도록 한다. 즉 학교가 중층문화를 표방한다는 말을 문화인류학적으로 살펴보는 것이다.

앞의 인도학생에게 우리나라 지방(충주)의 보통학교 건물을 보고 저것이 무엇을 상징하느냐고 묻는다면 그는 물질문화 또는 정신문화를 상징한다고 말할 것이다. 그러나 그가 필자에게 묻는다면 필자는 주저 없이 중층문화를 상징한다고 대답할 것이다. 그 이유를 1933년 필자가 보통학교에 입학했을 때를 중심으로 설명해 본다.

지금도 그렇지만 그 당시에도 학교건물을 보면 누구나 그것이 학교라고 말했을 것이다. 학교건물은 그때나 지금이나 모두가 쉽게 알아볼 수 있는 까닭이다. 학교건물에는 운동장이 있어 금방 알아볼 수 있다. 우리 학교는 당시 전면에 2층 본관건물이 있고 그 뒤에 일층 건물이 있었다. 운동장은 본관 앞에 있었고 학교에 들어가자면 정문을 통과해서 운동장을 지나 들어가게 되어 있었다. 그렇다면 학교건물이 가정집과 다른 것은 어떤 점인가.

당시 어른이나 학생·교사할 것 없이 일반 가정집 담이나 울타리에 소변을 보는 경우는 흔했지만 학교 담이나 울타리에 소변을 보는 사람은 없었다. 그것은 모든 사람들이 학교를 신성시했던 까닭이라고 생각한다. 그 시절에는 학교건물에 신을 신고 들어가는 사람이 없었다. 신을 벗어서 입구에 놓인 신발장에 넣어야 했다. 학교 복도를 지나다닐 때에 뛰면 안 된다는 규칙이 있고, 복도에서 교장선생님을 만났을 때는 옆으로 비켜 서서 간단히 예를 차려야 하며, 친구들과 복도에서 장난을 치거나 눕거나 해서는 안 된다.

교실에서의 몸가짐에 대한 규율도 있다. 책상 위에 올라서면 안 되며, 책상을 붙여 놓고 그 위에 누워서도 안 된다. 책상에다 칼자국을 내거나 백묵칠을 해서도 안 된다. 칠판에 낙서를 해서도 안 되고 칠판 지우개를 친구에게 던지며 놀거나 분필가루를 친구 머리에 묻혀도 안 되며 교실 벽에다 털어도 안 된다. 교실에서 친구들과 뛰어놀아도 안 되고 교실 유리를 깨는 일이 있어서도 안 된다.

수업 중에 선생님이 계신데도 몰래 교실을 빠져 나간다거나 큰 소리로 옆에 앉아 있는 친구와 말을 주고받아도 안 된다. 선생님에게 질문이나 할 말이 있으면 손을 들고 허락을 받은 다음 말해야 한다. 이와 같이 학교라는 곳은 여러 가지 규칙이 있으며 그것을 반드시 준수하도록 가르친다.

학부모가 자녀들에게 늘 하는 말이 있다. "선생님 말씀 잘 들어라." 학교문화의 특징 가운데 한 가지는 복종일 것이다. 규칙적인 생활을 하는 것과 시간을 지키는 일 또한 학교에서 강조되는 훈련내용이다. 같은 일을 반복함으로서 훈련이 되는 것이고 학부모들은 이런 학교를 믿고 아이들을 보내는 것이다.

학교 안의 모든 '사물'은 단순한 사물이 아니다. 학교건물의 경우, 신발을 신고 들어가면 안 되고 복도에서 뛰어다니거나 아이들끼리 몸 싸움을 해서는 안 되는 규율을 지켜야 하는 공간이다. 학교 안에 있는 모든 사람과 사물의 경우, 사람을 대하고 사물을 다루는 데 있어 학교라는 환경에 적합한 행동양식을 따라야 하는 법이다. 그래서 학교건물, 교실, 도서관, 교사, 학생, 교과서, 칠판, 연필 그리고 시험지라는 종이에 이르기까지 이 모든 것에 대한 행동양식을 교사와 학생 그리고 학부모들이 모두 잘 지켜야 하는 법이다. 이렇게 학교에는 학교 나름의 행동양식의 복합체가 생기는 법인데 이것이 바로 학교문화의 덩어리가 되는 것이다. 따라서 그 건물이 공장건물이라면 공장에 합당한 행동양식이 구성될 것이며, 병원건물이라면 환자를 위한 여러 가지 용도와 규율이 지켜져야 할 것이다.

종이라는 물건이 시험지가 되면 거기에 답안을 쓸 때 학생들이 서로 의논해서 답안을 작성해서는 안 된다. 그렇게 하면 부정행위가 되어 처벌을 받는다. 그러나 만일 그 종이가 학교행사 안내서라면 학생들이 서로 의논하며 보는 것은 부정행위가 되지 않는다.

학교교실에서 행해지는 학습시간이나 시험시간이면 교사나 학생들의 행동양식이 달라진다. 학과시험은 매우 엄격하게 치러진다. 남의 것을 훔쳐보거나 보여줘서 이른바 부정행위를 하면 엄한 벌이 내린다.

학교교육에서 거짓말을 해서는 안 된다는 가르침이 있는데, 남을 속이는 일은 절대로 해서는 안 된다는 규칙은 학교문화 중에서도 가장 엄격한 규칙이다. 초등학교 학생들이 부정행위를 한다는 것은 별로 들어보지 못한 일이지만 어린 학생들도 남의 답이 궁금해서 어깨너머로 슬쩍 보는 기미만 있어도 감독선생님의 경고를 면치 못한다. 이런 교육은 학교가 학생들을 올바로 가르쳐서 장차 정직한 성인사회를 만들자는 의지에서 나오는 결과이다.

학교는 보통학교 때부터 우리에게 여러 가지를 배우게 했다. 집에서는 방바닥에 앉아서 책을 읽고 밥을 먹었지만 학교에 들어가니 의자에 앉아 책을 읽고 도시락을 먹게 했다. 생활양식이 달라진 것이다. 어느 것이 좋은지 또는 나쁜지는 몰라도 학교는 우리에게 새로운 생활양식을 가르쳤는데, 오늘에 와서 우리는 침대에서 자고 식탁의자에서 밥을 먹는 생활양식을 갖게 되었다. 집에서 접하지 못했던 창가(음악)와 구기종목 운동도 하게 되어 야구와 축구 등을 실제로 하는 재미도 알고 또 경기를 지켜보는 취미도 갖게 되었다.

학교는 우리에게 1년에 한 번 정도 냄새 고약한 회충약을 강제로 먹여서 몸 속 회충들이 몸 밖으로 기어 나오는 것을 보게도 했고, 이를 잡는다고 DDT 가루를 머리부터 뒤집어씌우기도 해서 화가 나기도 했다. 학교 조회시간에 양치질을 게을리 해서 이가 더러우면 앞으로 나가 서 있게 해서 수치심이 들도록 하기도 했다. 지금 생각하면 학교는 우리들에게 참으로 올바른 교육을 시켰구나 하는 생각이 든다.

이처럼 학교는 우리에게 현대사회에서 하층생활이 아니라 중층생활에 적응하고 이를 잘 영위하는 데 필요한, 참으로 유익한 교육을 제공해 준 것이다.

6. 헤비거스트 Robert J. Havighurst 교수

필자는 충주에서 다녔던 보통학교 때 기억이 잊혀지지 않는다. 특히 앞서 이야기한 DDT세례를 받던 일과 회충약을 억지로 마시던 일은 기억에서 사라지지 않는다. 이것은 필자가 시카고대학에서 교육학과 사회인류학을 공부하고 중층문화라는 개념을 배우고 나서부터 더욱 그랬다.

필자가 그 보통학교를 다닐 때 필자의 고모와 고모부가 그 학교에서 교편을 잡고 계셨다. 고모는 10년간 근무를 하셨는데 늘 1학년 담임이셨고 고모부는 거기서 교감을 한 적이 있었다. 그 두 분에게서 직업선택에 절대적인 영향을 받았고, 그 후 서울에 와서 고려대 법률학과에 들어간 것은 또 한 분의 고모부가 8·15 직후 서울 지방검찰청 검사장을 지내셨던 관계로 그분의 영향을 받아 법과를 지원했던 것이다. 그러다가 6·25전쟁이 나면서 육군 장교로 복무하고 제대한 후 시카고 대학으로 가서 헤비거스트Robert J. Havighurst 교수를 만나게 되었는데, 필자는 그분으로부터 교육사상에 대한 결정적인 영향을 받았다. 그분이 가르쳤던 교육사회학과 비교교육연구에서 중층문화에 대해 깊이 생각하게 되었던 것이다.

미국에서 존 듀이(John Dewey, 뉴욕의 컬럼비아 대학교에 가기 전에 시카고대학 교수로서 아내과 함께 새 교육 실험학교 개설) 교수가 주창했던, 전통적 교육에 도전하는 새 교육풍조가 미국은 물론 전 세계 각국으로 파급되었을 때 미국에서는 '8년 연구' 라는 유명한 연구가 진행되었다.

이 연구의 과제는 새 교육이 전통적 교육에 비해서 교육효과가 떨어지는 것이 아닌가를 검증하는 것이었다. 즉 지식전달교육에 있어 새 교육방법이 전통적 교육방식을 따라가지 못할 것이라는 세간의 비평을 검토하기 위해 8년에 걸쳐 연구하는 것이었다. 그 결과는 새 교육방법을 정당화하는 데 큰 성과를 올린 까닭에 새 교육이 그 후 미국 초중등학교 운영에서 공적으로 인정받게 되었던 것이다. 미국에서 새 교육방법을 계속 불신하는 사람들 중에는 소련의 인공위성이 세계 최초로 발사되어 미국사람들을 놀라게 했을 때 새 교육의 아동흥미 중심교육이 미국학생들의 지적, 과학적 교육수준을 소련에 비해 퇴보시켰다는 주장을 하는 사람들이 있었다.

하여간 새 교육의 수난기에 대비해서 미국의 '8년 연구'가 진행되었고, 이 연구과제를 성사시킨 연구원 가운데 한 사람이 헤비거스트 교수였다. 그의 연구업적 중에는 「발달과업Developmental Task」이라는 유명한 저서가 있다. 이 저서는 아동이 성장할 때 각 연령기에 인간으로서 성취해야 하는 신체적·심리적·사회적으로 요구되는 '임무'를 발달단계별로 제시하고 그 내용을 설명한 것이다. 발달과업이라는 내용을 정리한 것이 지금은 모든 교육심리학 교과서에 빠짐없이 소개되어 있다.

필자가 시카고대학에서 그분의 강의를 처음 들었을 때 그분께 이런 질문을 했다. "저는 한국이라는 곳에서 미국에 왔는데, 그동안 일본 치하에서도 살았고 미군정 하에서도 살았으며 또 6·25전쟁 중에는 공산치하에서도 살았는데, 도대체 학교교육에서는 시대변화에 어떻게 대처하는 것이 옳은 것입니까? 한국인인 저를 위해 가르쳐 주십시오." 이에 그분이 간단히 대답해 주었다. "어떤 사회체제 하에 살던 간에 인간에게 필요한 공통적 지식과 태도를 가르치는 것이 옳지요." 즉 그분의 대답은 교육은 교육인 까닭으로 정치가 개입해서는 안 된다는 원리를 알려 준 것이었다.

그 후 그분이 강의한 중층문화이론에서 학생들은 그것이야말로 교육의 기본과 토대가 될 수 있는 것이라고 생각했다. 그리고 그 후 밴더빌트대학교 피바디사범대학에서 북한교육에 관한 박사논문을 쓰면서 북한에서도 중층문화교육은 존재한다는 것을 알게 되어 중층문화야말로 참으로 전 세계적으로 예외 없는 교육목표라는 것을 느끼게 되었다. 그러나 지금 대한민국에서는 북한에서도 가르치는 덕목들이 인정되고 있지 않다는 것을 알게 되었다. 자신의 사회적 지위 향상을 원하지 않는 사람은 없는 법인데 어떻게 된 일인지 오늘의 대한민국 교육에서는 이를 바라는 것이 용납되지 않는 것 같아 보인다.

7. 1961년 서울근교 초등학교의 중층문화 교육[6]

구습과 하류문화를 타파하는 일은 하루아침에 쉽게 이루어지는 것은
아니다. 우리나라의 수많은 초등학교에서 진행되는 교과과정을 통해
서, 또는 교과 외 학습에서, 그리고 교사와 아동 간의 접촉을 통해서
마치 처마물이 6년간 수없이 돌 위로 떨어져서 겨우 조그마한 홈을 만
들 듯 교육의 효과는 점진적일 수밖에 없다. 그러나 교육은 국가의 백
년대계를 위한 것이 아닌가.

경기도 대왕면은 5·16 군사혁명이 일어나던 해인 1961년 당시, 서
울 천호동에서 시외버스를 타고 들어가던 농촌이었다. 인구는 1960년
면사무소의 통계로는 9,741명이었고 전체 가호수는 4,086호에 농가
가 전체의 85.6%인 3,497호로 기록되어 있다. 면내에는 국민학교가
2개교, 중고교가 1개교로 당시 대왕국민학교 졸업생의 70%가 중학교
에 진학했다. 대왕면은 나중에 서울시에 편입되었다.

필자도 일제강점 말기에서 8·15광복 때까지 약 2년간 충북에서 국
민학교 교사로 근무했지만, 대왕국민학교에서 본 바와 같은 그런 열성
적인 교육현장을 보지도 못했고 들어 보지도 못했다. 물론 필자가 보
통학교에 입학한 1933년에서 1945년 8·15광복까지 학교가 중층문화
를 표방하는 곳이라는 인식이 없었던 까닭에 대왕국민학교의 교육현
장을 직접 가서 본 것은 참으로 다행한 일이었고 감동을 주는 경험이
었다. 그 이전까지 필자에게 한국교육 전반에 대한 견해와 안목이 부
족했기에, 필자는 시카고대학에서 헤비거스트 교수를 6년간(1954-
1960) 지도교수로 모실 수 있었다는 사실을 무척 다행스럽게 여긴다.

필자가 대왕면에 가게 된 계기는 한국의 지방교육현장을 살펴보자는

한국교육학회(회장 정범모) 연구부의 계획에 따라 아시아재단의 후원으로 연구계획이 성사되어 그 연구의 책임자로 연구조교 2명과 함께 가게 되었던 것이다.

새마을운동에 관한 사후 각종 평가에서도 지적된 바와 같이 새마을운동이 성공한 이유 가운데 가장 중요한 것은 지도자의 역할이라고 한다. 대왕국민학교의 교육운용에 있어서도 당시 교장선생님의 지도력이 우리 연구팀의 최대관심을 이끌었다. 처음 그곳에 도착하자마자 금방 알게 된 것은, 전체 교사 10명 중(교장, 교감을 합해 교원 12명) 2,3명 교사가 교장선생님이 너무 '독선적'이라는 평가를 하고 있다는 것이었다. 왜 독선적이라는 평을 듣게 되는지 그 연유를 알아보았다.

그 교장선생님은 아침 조회 때 이따금 학생들이 그가 말한 손수건을 몸에 지니고 다니는지 검사를 했다. 그분은 학생들에게 문명인은 코를 흘리거나 땀을 많이 흘리고 다니면 안 되므로 손수건을 몸에 지니고 다니는 게 좋다고 말했다. 그러면서 당신은 손수건 두 장을 가지고 다니는데 하나는 콧수건이고 다른 하나는 땀수건이라고 하며 두 가지를 학생들 앞에서 흔들어 보였다. 그리고 이제부터 아침 조회 때 가끔 조사를 할 터이니 잊지 말 것을 당부했다. 그래서 조사가 있는 날은 손수건을 가지고 왔으면 그것을 흔들어 보이라고 했고, 손수건을 제일 많이 가지고 온 반이 박수를 받게 했다. 이때 성적이 나쁜 반의 담임선생들은 부끄럽기도 하고 화가 나기도 해서 돌아서서 불평을 하곤 했다.

한 교사는 여학생 46명으로 편성된 자기 반은 교장선생님이 언제 손수건 검사를 하실지 알기 때문에 검사예정 전날에 학생들에게 미리 알리고, 예행연습삼아 반에서 먼저 검사를 하고 다음날 조회에 가면 손수건 지참성적이 올라가지만, 미리 예비검사를 안 하면 지참자가 반도

안 된다고 했다. 이 교사의 불평은 그렇게 강제로 시키는 방법이 교육적이냐는 것이었다. 학생들이 제대로 된 손수건을 갖는 것이 그곳 농촌에서는 매우 어려운 일이어서 학생들이 아기 기저귀의 한 귀퉁이를 찢어 온다는 것이다.

이 담임교사는 자신도 물론 손수건을 가지고 다니는 게 좋은 일이라고 생각은 하지만 "그러나 손수건을 가지고 다니라는 것은 자기가 맡은 3학년 아동들에게 고민을 한 가지 안겨 주는 것이고 괴로움을 주는 일 같다"라고 했다. 이 교사는 점진적으로 아동들이 손수건을 가지고 다니도록 할 필요가 있다는 생각을 하고 있었다. 그러나 아동들의 환경과 관심사를 생각해 보면 그런 훈련이 끝내 효과를 거두지 못할 것이 분명하다는 생각도 든다고 말했다.

그 교장선생님은 학생들의 이닦기 훈련에도 열심이었다. 교장이 어찌나 강조하는지 교사들은 근처 한강지류인 탄천에 아이들을 데리고 가서 몸의 때도 씻고 모래로 이를 닦는 모범을 보이기도 한다는 것이다. 그리고 어떤 교사는 자비로 치약과 칫솔을 사다가 교실 창가에 매달아 놓기도 했다. 학교교실에 칫솔이 학생 수만큼 매달려 있는 것을 보니 참으로 교장선생님의 교육이 철저하다는 것을 잘 느낄 수가 있었다.

이 문제에 대해 어떤 교사는, 이런 손수건 문제나 '이닦기 훈련' 등이 농촌지역사회의 인간개조에 큰 역할을 하리라는 것을 교사들이 인식하지 못하고 있다고 했다. 교사는 모름지기 교장의 지도자적 역할을 이해하고 적극적인 협조를 아끼지 말아야 된다고 하면서, 따라서 교장은 그 점을 이해하지 못하는 교사들이 납득할 수 있도록 설득하고 지도력을 발휘해야 한다고도 했다.

교사와 학교장의 의견차는 때로 학교와 학부모 간의 의견차 또는 문화의 갈등으로 번질 때가 있었는데 한때 '소풍'으로 인해 좀 이색적인 상황이 벌어진 때가 있었다.

학교로서 소풍은 교육과정의 일부로, 1년에 한 번 가는 것으로 학교 행사표에 포함되어 있었다. 그러나 학부모측에서 볼 때 소풍이라는 것은 아이들을 쓸데없이 놀리는 것에 불과하다고 인식하기가 쉽다. 공부를 시켜서 사람을 만든다는 교육목적에 전적으로 찬성했기에 아이들을 학교에 보내는 것인데, 아이들에게 바람이나 쏘이려 데리고 나간다는 것을 퍽 유감스럽게 생각했다. 그래서 1960년에 학교가 아이들을 데리고 근처에 있는 어떤 왕릉에 소풍을 간다고 했을 때 일대 소란이 벌어졌다. 실제로 소풍에 참여한 인원이 전체인원의 반 정도밖에 안됐지만 학교측은 그 행사를 감행했다.

그리고 다음 날 조회 때 교장선생님은 단상에 올라가서 어제 소풍에 빠진 학생들을 앞으로 나오게 했다. 그리고 그 학생들을 데리고 학교에서 가까운 봉은사로 소풍을 갔고, 이날에도 나오지 않은 나머지 학생들을 불러 그 다음 날 다른 가까운 장소로 소풍을 갔다. 학부모들의 생각은 자식들이 소풍을 가려면 특별히 맛있는 음식도 만들고 용돈도 줘서 도중에 과자라도 사 먹으라고 했으면 좋았겠지만 불행하게도 돈이 없어서 그렇게 못 하는 가정이 있다는 사실을 아는 교장은 학생들에게 "돈이나 맛있는 음식이 있어야만 소풍을 가는 것이 아니고 평소에 열심히 공부만 하던 머리도 식히고 자유롭게 야외에 나가서 뛰어 노는 습성도 길러야 하는 법이다"라고 말할 수밖에 없었다.

하여간 학부모들이 고집 센 교장선생님과 열성껏 학생을 가르치는 교사들의 성의에 감탄했는지 1961년 소풍 때에는 전교생 618명 중 81

명만 불참했다. 소풍으로 미래사회에서 여가를 선용할 줄 아는 시민을 길러야 하겠다는 교육목표가 틀린 것이 아니었다는 사실을 우리는 지금에서야 안다. 하여간 우리나라의 초등학교는 이렇게 아이들을 교육했고 학부모들도 이 영향으로 새로운 삶이 전개되고 있다는 사실을 알게 되었다.[7]

대왕면에서는 그 당시 약 10년 전에 이미 전국 각 농촌에 생겼던 4H 클럽이라는 청소년단체가 태동되었는데, 여기에는 나이 12-22세에 해당하는 청소년들이 자발적으로 자기 고장발전에 창의적으로 협조할 목적을 세우고 있었다. 시작은 주로 초등학교 교사들이 선봉을 섰으며 대왕면에서 어떤 부락의 경우(자곡1리) 회원 59명 중 국민학교 졸업자가 45명이나 되었다. 후일 세계적으로 (지금은 특히 중국에서) 각광을 받는 새마을운동도 우리나라의 초등학교 교육의 영향이 없었더라면 기대하기 어려웠던 일이 아니었을까 생각된다.

각주_____

[1] Unesco, 「Formal and Non-formal education co-ordination and Complementarity」, Unesco Regional Office for Education, 1986.
[2] 김선호 · 김정한 공저, 「한국의 중층문화」 : 폐습과 하층문화로부터의 탈피. 서울 : 일조각, 1989.
[3] Havighurst, Robert J., 「Society and Education」 : The Family. Boston : Allyn and Bacon, 1962. pp.93-124.
[4] 김선호 · 김정한 공저, 전게서. pp.1-10.
[5] 김일성, 「김일성 선집」 제2권. 평양 : 로동당출판국, 1965. p.349.
[6] 한국교육학회 연구부, 「연구보고서」 : 大旺사회와 교육, 1961. 8.
[7] 한국교육학회 연구부, 전게서. pp.120-121.

제2장

6
-
3
-
3
-
4
학
제
와

교
육
의

양
과

질

우리나라는 광복을 맞아 6-3-3-4학제를 성사시켰다. 외형상으로는 미군정청의 영향을 받아 6-3-3-4제를 도입한 것이라는 인상을 주었으나, 당시 미국에서는 초등학교 교육연한이 8년인 곳이 대부분이었다. 필자는 미국에 중학 3년, 고등학교 3년이라는 학제가 존재했다는 흔적을 미국에 있을 때나 그로부터 지금까지도 발견하지 못했다. 더욱이 중학교와 고등학교를 분리한 흔적도 찾지 못했다.

필자는 우리나라 중등교육을 3-3학제로 편성한 것을 이해하지 못한다. 학제 운영상 중학교와 고등학교를 분리해 놓으면 두 학교를 연결하는 고리로 새로운 입학과정이나 새로운 입학시험을 거치게 되어 번거로움이 더하기도 할 뿐더러, 학교를 서로 다른 곳에 지어야 하므로 건물과 운동장이 차지하는 면적이 두 배가 되고, 교장도 하나면 되는데 둘씩이나 채용해야 하는 등 경제적, 행정적 손실이 크다고 하겠다. 초중등교육에서 왜 유독 중등학교만 둘로 갈라놓는가 하는 의문이 늘 있어왔다. 이 원리를 충실하게 따르자면 초등학교나 대학도 두 단계씩으로 분리해야 하지 않겠는가.

그러나 이 점에 대한 의문보다 더 기본적인 것은 우리나라 교육부가 어떤 교육철학과 이념으로 6-3-3-4학제를 운영해 왔는가 하는 점이다. 이는 광복 후 일제강점기의 복합형 교육제도를 단선형을 만든 것까지는 바람직했지만, 우리 학교교육의 구심점이 어디며, 교육의 평준화와 교육의 수월성秀越性을 조화롭게 조정해 나가는 철학과 방안이 국민들이 납득할 만한 것이었는가 하는 점에 의문이 있다는 것이다. 일제 압박에서 해방되었다는 기쁨과 우리나라가 이제는 독립국가로서 자유로운 교육활동을 할 수 있다는 희망에 가득 차서 교육평등의 기회를 부여하는 것에 급급한 나머지, 양적으로 학교설립과 학생모집에만 전념한 탓에 교육의 국가사업 방식과 철학을 고려하지 못했던 것이 사실이다.

이 점에 대해서는 명확한 설명이 필요하다. 해방이 되면서 우리나라 학제에 과거와 달라진 것이 분명히 있었다. 하나는 한국인과 일본인이 따로따로 공부하던 복선형학제가 사라지고 단선형학제가 되었다는 것이고, 다른 하나는 보통학교의 2년제 고등부와 중등학교의 3년제가 없어지고 중학교 3년, 고등학교 3년의 6년제 중등학교가 되었던 것이다. 한국인에게 보통학교 2년제 고등부와 3년제의 중등학교까지만 허용되었던 학제가 해방 후 사라지고 대학진학이 가능해진 '민주적 평등교육'이 실현되었던 것이다.

그런데 헤비거스트 교수의 이론에 따르면 어떤 사회이건 학제는 사회구조를 반영하는 것이 기본이며 정도라는 것이다. 다시 말하면 사회가 신분사회면 교육제도도 신분을 나타내도록 편성되고, 계급사회면 학교도 계층사회의 양상을 띠는 것이 정상이라는 것이다. 그래야만 사회질서와 안정을 찾게 되는 것인데, 질서와 안정만을 강조하면 사회발전이 없으므로 민주적 평등을 향한 변화가 필요한 까닭에 사회와 학교는 이와 같은 이중구조를 유지하는 동시에 민주적 변화도 함께 병행해야 한다는 것이다.[1]

우리나라가 해방과 더불어 도입한 학제는 기회균등이라는 면에서는 사회와 학교를 민주화하는 데는 이로운 일이지만, 사회구조를 현실에 맞게 유지하는 데는 제도적 문제가 있다는 것이다. 모든 학생이 단체장이 될 수는 없다. 단체장 일을 보좌하는 사람도 필요하고 단체장의 지시를 행동에 옮기는 사람도 필요한 것이 사회다. 그러니까 모든 학생들에게 교육기회를 평등하게 부여했다고 좋아만 할 일은 아니다.

이 글을 쓰는 필자는 난처함을 느낀다. 필자가 지금 하고 싶은 말을 하면 6-3-3-4 학제를 만든 과거 교육지도자들을 폄하하는 언사가 될 것이고, 해야 할 말을 하지 않으면 당연히 지적해야 할 문제가 다시 묻혀버릴 확률이 큰 탓이다. 해방 직후 우리나라 교육문제를 논의하면서 교육의 민주화와 양적 팽창이 가져올 결과에 대한 선견지명이 없었다는 사실이 참으로 아쉬울 뿐이다.

1. 보통학교 : 두 갈래 학제의 통합

학제는 학교교육체계의 횡적-종적 기본구조를 의미한다. 학제가 있음으로써 학교와 학교 간의 연결고리가 표시되어 있음을 알 수 있다. 우리나라에서 중학교를 졸업하고 진학하게 되는 고등학교는 실업계와 인문계로 나뉘어 진로가 명백히 다르다는 것을 알 수 있다. 실업학교의 교육과정은 대학으로 진학하는 학생들을 위한 인문고교의 교과내용과는 엄연히 다르다. 이 까닭에 실업학교 졸업생은 대학에 들어 갈 수 있는 입학자격에 약점이 있다. 준비되지 않은 실업학교 졸업생을 특별히 우대해서 대학에 입학시켜준다 해도 대학에 들어가서 여러 가지 어려움을 당하게 될 것이 분명하다.

그러나 우리나라 교육부는 실업고와 인문고의 구별원리를 무시하고 실업고 졸업생에게 특별 우대책을 적용해서 대학입학을 허용한 때가 있었다. 필자가 1976년 두 번째 미국유학에서 돌아왔을 때 교육부에서 필자를 위시한 여러 교수들을 교육부 위원회에 초청한 적이 있었다. 이때의 토의제목이 바로 실업고 졸업생의 대학입학자격 완화에 관한 것이었다. 이때 필자는 그 계획이 부당하다는 의견을 제시했다. 그랬더니 그 후 다시는 필자를 교육부 회의에 불러주지 않았다. 그리고 나서 그 다음 해쯤 실업고 졸업생들에게 '무조건'(어떤 자격요건의 변경 없이) 대학입학을 허용하는 입시요강이 발표되어 많은 실업고 졸업생들이 대학에 들어갔다. 그러나 이들 실업고 졸업생들은 다른 교양과목과 특히 영어과목 이수에 많은 어려움을 겪었고 결국 대거 탈락하는 결과를 초래했다.

학제에 관련된 내용으로서 필자는 보통학교Common school에 대해 언급하려 한다. 앞 장章에서 필자는 1933년에 입학한 초등학교의 이름이 보통학교라고 했다. 그런데 알고 보니 서양에서 보통학교라고 부른 초등학교제도는 역사적으로 깊은 의미를 갖고 있었다. 과거의 전통적 학제와 신시대의 교육민주화를 지향하는 신 학제를 통합한 것이 이 보통학교라는 아이디어였던 것이다.

우리나라에서는 보통학교Common school라는 명칭의 역사적 의미에 별로 관심을 갖지 않는 것이 사실이다. 그러나 유럽과 미국 등지에서 보통학교라는 이름의 초등학교가 나타난 것은 참으로 뜻 깊은 의미를 가지고 있다. 왜냐하면 전통적인 교육기관이었던 라틴문법학교Latin grammar school와 서민교육의 시발점이 되었던 초등학교가 한 나라가 갖는 학제를 통합하는 데 큰 역할을 했던 까닭이다.

원래 전통적인 교육기관이었던 라틴문법학교에는 처음부터 초등학교라는 개념이 없었다. 그러나 종교개혁 이후 각국에 자국어를 가르치는 초등학교(Primary school 또는 Elementary school)가 생기면서 전통적인 중등학교에 초등학교 개념이 침범해 들어간 것이다. 쉽게 말하자면 민주적인 서민교육을 주장하는 초등학교가 생기면서 이것이 전통적 중등학교 교육의 기초를 담당하는 기초학교의 역할을 하게 된 것이고, 이 기초학교, 즉 보통학교는 영국을 제외한 다른 나라에서 의무교육으로 발전하게 되는 공립학교로 등장하게 되었던 것이다.

두 갈래 학제를 통합하기 위해 고안해 낸 제도가 보통학교Common school라는 개념이었던 것이다.[2] 모든 학교제도가 초등학교를 출발점으로 시작하므로 초등학교를 졸업하면 일반제 계통은 물론 전통제 계통의 상급학교인 중학교로 진학할 수 있는 제도를 만들 필요가 있었던 것이다. 미국식의 보통학교 1학년 그리고 영국식의 일반학교 1학년에 입학하면 그때부터는 양계열의 학교는 어느 곳이나 진출할 수 있게 되는 학제 통합이 이루어진다. 따라서 어떤 계열의 초등학교를 나와도 그 자격을 인정받아 어느 계열의 학교라도 들어갈 수 있게 되는 것이다.

그러니까 서민 자녀를 위해 세워진 초등학교가 (그 명칭이 영국에서는 기초학교 또는 일반학교라고 다르게 불렸지만) 결과적으로는 양쪽으로 분리되었던 복선형학제를 통합하는 데 큰 역할을 한 것이 바로이 보통학교(초등학교)라는 존재였다. 이런 보통학교가 세계적으로 1642년에 처음 세워졌던 곳이 바로 미국 보스턴을 중심으로 한 매사추세츠Massachusetts 주였다. 유럽에서 일어났던 종교개혁으로 말미암아 많은 청교도들이 고국을 버리고 미국으로 건너가 매사추세츠 등 동부지역에서 정착하고, 세금을 염출하여 아동들에게 주로 읽기와 상업 등을 가르치는 공립 보통학교를 설립했다는 것은 참으로 역사적인 일이었다고 할 수 있다.

종교개혁이 미국 아닌 다른 유럽에 미친 영향도 대단했다. 종교개혁에서 역사에 남은 지도자들의 이름들이 많이 있다. 이들 종교개혁 선구자들은 라틴어로 된 성경을 우선 각 나라말로 번역해서 일반 서민들에게 읽혀야 한다고 주장했다. 당시에는 일반 성인들에게만 해당되는 것이었으나, 자라나는 아이들에게도 관심을 갖기 시작하면서 모국어로 성경을 읽을 수 있도록 글을 가르치는 보통학교를 설립해야 한다는 여론이 일어나게 되었던 것이다.

각국의 상류사회에는 라틴문법학교Latin Grammar School와 같은 전통적 학교들이 이름은 다르지만 각국에 존재했고, 교직자들은 라틴어로 쓰인 성경을 어려움 없이 독파할 수 있었지만, 일반 서민들은 그렇지 못한 탓에 신분사회를 해체해야 한다는 목소리가 오랫동안 높았던 것이 사실이고 보면, 당시의 종교개혁은 단순한 종교개혁이 아니라 사회개혁과 교육개혁이 뒤따를 수밖에 없는 개혁이었다.

영국에서는 원래 교육은 가정에서 담당해야 할 과제며 임무라는 신념이 강했고, 교육이란 으레 상류 특수층을 위한 것이었다. 이 까닭에 라틴문법학교가 군림하는 영국에서 서민을 위한 교육은 전혀 국가적 관심을 끌 수가 없었다. 그러나 종교개혁 이후 영국에서도 성인들과 마찬가지로 교육 적령기의 아이들에게 영어로 쓰인 성경을 읽히는 일이 매우 중요하다는 생각을 하게 되었다. 이후 모국어로 가르치는 초등학교가 라틴문법학교로 진학하는 기초학교가 된 것이다.

그러나 종교개혁 이전에는 서민을 위한 초등학교라는 개념이 존재하지 않았다. 서민 아이들을 위해 학교를 짓는다는 것은 생각조차 하지 않았고 글을 아는 주부가 있는 가정에서 동네 아이들을 데려다가 글을 가르칠 정도였는데, 시대가 산업화로 향해 갈수록 서민 자녀들을 위한 학교교육이 절실함을 깨닫게 되었다. 그래서 국가가 보통학교 건립을 심각하게 생각하기 전까지는 학교이름을 자선학교Charity school라고 부를 정도였다. 물론 자선학교는 사립이었다. 그리고 교회의 교구에 설립한 평일학교Day school도 명칭부터가 제도적 학교라기에는 그 규모와 내용이 빈약했다.

독일 북부에 자리 잡았던 프러시아Prusia 왕국의 국왕 가운데 매우 자비로운 왕이 있었다. 그 왕은 못 배운 서민들을 가엾게 여겨 보통학교를 지어 주고 교원양성소도 지었다. 그런데 시간이 지나 교육의 효과가 있어 서민들이 글을 읽을 줄 알고 유식해지자 국왕의 입장에서 보니 서민들이 전과 달리 아는 체를 하며 거만해 지는 것 같았다. 그래서 왕은 왕명으로 보통학교들을 폐쇄해 버렸다는 기록이 있다. 교원양성소도 쓸모없이 돼버려 문을 닫은 것은 당연한 결과였다. 이와 같이 보통학교가 정착되는 것도 그리 쉬운 일이 아니었다. 일제가 조선에 신식학교인 보통학교를 지은 것도 생각하기에 따라서는 매우 어려운 결단이었을 것이다. 물론 그러기에 최고학부인 대학교육은 그 길을 가차없이 차단한 것이었다.

1798년에 이르러 영국의 평일학교Day school에 큰 이변이 생겼다. 조셉 란캐스터Joseph Lancaster라는 사람이 란캐스터 시스템Lancaster system이라는 학습방법을 고안해서 학교 운용비용을 적게 들이면서 많은 학동을 가르칠 수 있는 교육제도를 평일학교에 도입했던 것이다.[3] 평일학교는 영국 사정으로 보아 그다지 돈을 들이고 싶지 않은 보통교육의 일부였기에 란캐스터의 출현은 매우 의미가 있었다. 란캐스터의 이름이 영국 내에 알려지기 시작할 때 같은 영국에서 앤드류 벨Andrew Bell이라는 영국국교 신부가 동시에 같은 학습법을 고안해서 자기 교회에 도입하기도 했지만 벨 신부의 영향은 비국교도인 란캐스터와는 경쟁이 안 될 정도로 그 영향이 약했다.

란캐스터는 그 시스템을 도입하면 학생 천 명의 학교를 연간 300파운드 비용 내에서 운용할 수 있다고 선전했다. 그 시스템을 급장제도 Monitor system라고 불렀는데, 그것은 란캐스터가 급장들을 모아 놓고 가르친 내용을 반장들이 그들 학급에 가서 '전달 강습' 하는 것이었다. 교사가 이들 급장에게 독서산(읽기·쓰기·셈하기)의 기초를 전수하는 것으로, 이 방법의 특징은 학동들이 교사에게 배우는 것이 아니라 친구들끼리 서로 배운다는 것이었다. 란캐스터 시스템은 몇 년간 급속도로 영국에 파급되었으나 그를 재정적으로 도와준 독지가의 후원에도 불구하고 그의 개인성격과 재정 관리에 결함이 있었던 탓에 파경에 이르렀다. 그러자 란캐스터는 미국으로 건너가 활동을 시작했고, 초기에 많은 사람들의 관심을 모았으나 곧 그것도 실패하고 말았다. 그는 1778에 태어나 1838년에 사망했다. 하여간 그의 생존시에 영국의 보통학교 건립은 국가경영 차원에는 못 미쳤다.

요컨대 보통학교와 전통적 학제의 통합은 세계사적으로 보았을 때 19세기 말에서 20세기 초에 걸쳐 이루어졌다고 보는 것이 옳을 것이다. 미국도 매사추세츠 주의회에서 세금으로 충당하여 영어로 된 성경 읽기와 초보적인 상업교육을 시키기 위해 적령기 아동들이 학교교육을 받을 수 있도록 1642년에 법제정을 했지만, 의무교육이 실현되기까지는 3백년 후인 1952년에 이르러서도 매우 어려웠다는 기록이 있고, 3백년 후 미국 북부에 어느 정도의 의무교육제도가 생겼으며 남부도 남북전쟁이 끝난 후인 1890년에 가서야 겨우 보통학교 의무교육이 시행되었다.

1852년, 매사추세츠 주에서 의무교육법이 통과되면서 보통학교 의

무교육 연한이 1년에서 9년으로 늘어났다. 보통학교 교육은 상하부上
下部로 구성되어서 1910년에는 하부학교가 8년제, 상부가 4년제였다.
모든 보통학교에는 도서실, 공작실, 음악실, 강당, 식당, 의료실, 세면
장 등이 갖추어져 있었으며, 1865년부터는 교과과정도 확대되어 초등
학교에 역사, 지리, 생리, 자연, 도화(미술)와 가사 등의 교과목이 더해
졌다.

　미국 교육청의 1950년 통계에 의하면 전국적으로 초중등학교의 학
생수는 약 3천 2백만 명이었으며 이 가운데 소학교(초등학교) 학생이
2천 6백만 명이었고, 이중 8분의 1이 사립 또는 종교계통 학교에 다녔
다. 이때는 학제의 복합형 형태가 완전히 단선형이 되어 있었다. 그러
나 실업고등학교에서 인문계 고등학교로 전학을 허용하거나 실업학교
졸업생이 4년제 대학에 입학할 수 있는 기회는 차단되어 있다. 그러니
까 미국의 학제는 완전한 '단선형'이라고 할 수 없다. 차별교육 아닌
차별교육이 필요하다는 것을 강조하기 위해서 이 점을 재삼 언급해 둔
다.

2. 광복과 교육기회의 민주화

한국의 학생들은 광복을 맞이하면서 전대미문의 희망을 갖게 되었다. 일제강점시에는 진학의 기회가 막혀 있었지만 해방을 맞이하면서 우리나라에도 많은 학교가 설립되어 교육받을 기회가 엄청나게 늘어났기 때문이다. 일제가 퇴각한 후 모든 일자리를 우리나라 사람들이 차지하게 되었고 일본사람들이 꿈도 꾸지 못했던 새로운 일자리들이 생겨서 우리나라 사람들이 그런 새 자리들을 차지하게 되었다. 입법부, 사법부, 행정부에 필요한 일꾼들을 우리나라 학교에서 길러내야 했고 각 분야에 방대하게 늘어난 직장에서도 일꾼이 필요했다. 군대에 필요한 일꾼들만 해도 엄청난 숫자였고 간호사, 운전기사, 회사경비원만 해도 대단한 숫자였다. 그래서 인재를 양성할 학교수가 늘었고 학생수도 늘었다.

1939년 당시 한국에 살던 일본인의 아이들은 한 명도 빠짐없이 소학교에 다녔지만 우리나라 아이들은 겨우 40%정도가 초등학교에 다녔다. 또한 일본인의 경우 그들 중 절반이 중학교에 다녔지만 한국인은 20-30명 중 1명만이 중학교에 다닐 수 있었다. 이 당시에는 중등학교가 중학교와 고등학교로 나뉘어 있지 않아서 중학생 수가 더 적었다. 그리고 대학생 수는 한국인 10만 명 중 단 1명만이 전문학교에 다니는 정도였고, 일본이 한국에 설립한 서울제국대학에 한국인 정교수는 손가락으로 꼽을 정도였다.[4]

해방 이후 남한의 '교육발전' 상황을 알려면 1945년을 기점으로 해방 전후의 변화를 비교해야 하고, 1945년 당시 남한만의 통계가 있는지 알아야 할 것이지만 이것이 불명확하다. 따라서 정확한 통계비교의 출발은 1945년 당시 일제가 남기고 간 남한만의 학교와 학생수다. 그러나 이것을 얻기가 어렵다. 필자가 가지고 있는 1945년의 통계숫자는 초등학교가 2,824개교에 학생수는 1,366,624명이다. 중학교는 165개교에 83,514명이고, 고등전문학교와 대학은 19개에 학생수는 7,819명이다.[5] 해방 이후의 통계는 교육부의 〈교육통계연보〉에 의거했다.

초등학교 수는 1990년 현재 6,335개교에 학생수 4,869,520명으로 크게 달라졌으나 2006년에는 5,733개교에 3,925,043명으로 감소했다. 출산이 감소한 까닭이다. 그러나 1990년 통계를 보면 1989년에는 초등학교 졸업생의 99.8%가 중학교에 진학했다. 중학교 졸업생의 경우는 95.7%가 고등학교에 진학했다.[6] 그러니까 고등학교까지의 취학률은 1990년에 이미 매우 높았던 탓에 군입대자들의 평균학력은 고졸이상이었다. 세계적으로 이만한 평균학력을 가진 나라는 대한민국밖에 없다는 자랑거리가 생긴 것이다.

1989년 현재, 고교졸업생의 20.6%가 4년제 대학에 진학했는데, 지극히 놀라운 것은 1990년에서 2006년 사이에 대학생 수가 2배로 늘었다는 믿지 못할 사실이다. 2006년 통계에는 전문대, 교육대 그리고 4년제 대학을 포함한 338개 고등교육기관의 학생수가 2,732,311명으로 기록되어 있다. 이것은 통신대학 등을 제외한 숫자인데 1990년 현재는 학교수가 245개교에 학생수는 1,379,951명이었다. 16년 사이에 대학교육기관이 245개에서 338개로 93개교가 늘었으며 학생은 1,352,360명으로 98%가 늘었다.[7]

그러나 해방 이후의 우리나라 교육실태를 '교육발전' 이라고만 볼 수는 없다. 이것은 '발전' 이라기보다는 '변화' 라고 하는 말이 옳을 것이다. 변화는 저력과 동력을 가진 것이므로 이것을 '발전'이라고 말하기에는 아직 이르다. 헤비거스트 교수는 교육적 변화(여기서는 학교수와 학생수)는 사회질서를 불안하게 만든다고 했다. 사회는 질서를 유지해야 평화로운 곳인데 질서를 무너뜨리는 것을 발전이라 부르고 민주화라 부르며 미화하지만 그렇게 좋아할 일만은 아니다.

　헤비거스트 교수는 한국의 교육발전(학교수와 학생수의 놀라운 증가)을 사회질서를 파괴하는 요인이라고 직접 필자에게 또는 강의실에서 언명하지는 않았다. 이것은 그분의 가르침을 필자가 확대해석하는 것이다. 그러나 우리가 한국사회의 교육을 문제가 있는 것으로 여기는 정확한 이유는 이 책의 내용을 가다듬기 위해서라도 반드시 재론되어야 할 것이다.

3. 우리나라 사학의 특이한 발전

조선조 말엽 우리나라 왕실은 급변하는 국내외 정세를 감안하여 신교육의 우수성을 깨닫고 필요성을 절감했다. 그리하여 왕실은 휘문, 양정, 숙명, 진명 같은 학교들을 설립하는 데 선지자의 역할을 충분히 발휘했다. 그리고 당시 미국 기독교 선교사들의 헌신적 노력에 따라 여러 학교들이 설립되었고, 지금은 대학교로 성장한 그 유수의 명문학교와 대학들이 우리나라 교육의 기틀을 잡고 있다. 그리하여 우리나라 사학의 역사는 이미 100년을 넘기면서 그 찬란한 전통을 자랑하고 있다.

100년 전의 우리나라 사학은 서양의 경우와 마찬가지로 초등학교가 아닌 중등학교와 고등교육기관으로서 고급인재 양성에 개척자적 역할을 했다. 이들 학교 설립자들은 서양에서 고급인재 양성에 힘을 기울였던 라틴문법학교와 옥스퍼드, 캠브리지, 하버드, 예일, 웨슬리 등과 같은 학교들을 창립한 서양의 교육 선지자들을 연상케 한다. 일제가 옆에 버티고 있긴 했지만 우리나라의 왕실, 부유층 그리고 기독교 선교사들의 개화정신으로 신교육의 기틀을 잡은 것은 참으로 다행한 일이었다. 이 사실 하나만으로도 서양의 교육 선지자들이 개척한 교육적 위업을 우리나라에서도 달성했다는 민족적 자부심을 갖게 한다.

한일강제합병이 1910년의 일이고 1945년에 우리나라는 일제로부터 해방이 되었다. 통계를 보면 1945년 당시 우리나라에 165개의 중학교가 있는 것으로 나타나 있다. 그러나 이 숫자가 남북을 합친 것인지 아니면 남한만을 상대로 한 것인지를 필자는 확인하지 못했다.

그런데 165개가 되는 이 중학교의 1945년 당시 재학생이 83,514명이나 된다니 2006년 현재의 학교수와 학생수를 그것과 비교해 본다면 어떤 결과가 나올지 궁금하다. 태평양전쟁 당시에 일제가 중학교 졸업 연한을 5년에서 4년으로 1년 단축했는데, 해방 후의 우리나라 학제가 중학교 3년, 고등학교 3년으로 되었으므로 우리는 부득이 1945년 당시의 중학교와 해방 후의 중고등학교 6년 학제와 비교하게 된다.

중학교라는 개념이 연도에 따라 다르다는 것을 인정하면서 해방 후에 일어났던 '교육양의 폭발적 증가'라는 것이 어느 정도의 증가율이 있었는지 한번 알아볼 필요가 있다.

1945년에서 45년이 지난 1990년 현재 우리나라의 중고등학교 수는 4,157개교에 학생수는 4,559,557명이다. 학교수는 25.2배, 학생수는 53.9배로 증가한 것이다. 그리고 1945년 당시 전문대와 대학의 수를 합한 것이 19개교였고 여기 재학 중인 학생수는 7,819명이었다. 그러나 1945년과 2006년을 비교했을 때 학교수는 2006년에는 338개교, 학생수는 2,732,311명이었으므로 증가율은 학교가 17.8배, 학생수는 350배이다.

변화의 속도가 느린 나라에서는 이런 일이 일어날 리 만무하다. 그러나 해방을 맞이한 국민들이 가장 원했던 것이 교육이었던 까닭에, 공부를 할 수 없었던 부모들의 입장에서는 굶는 한이 있더라도 자녀들을 중학교 정도가 아니라 대학까지도 보내겠다는 의욕이 너무나 강했던 것이다. 그래서 시골에서는 소를 팔고 논을 팔아서 자식을 대학에 보냈던 것인데 사람들은 이것을 보다 못해 대학건물을 우골탑이라고 비꼬았다.

학교나 대학을 경영해 보지도 못했던 사람들이 나서서 교육자 노릇을 하기가 그리 쉬운 일이 아니었을 것이고 대학교수 노릇도 못 해 본

사람이 대학교수가 되니 자기직책을 감당 못할 것이 뻔했다. 교수직이 세인이 선망하는 자리라는 것을 아는 터라 이것을 중간에 마다하고 내던질 수도 없는 노릇이 아닌가. 일제강점기 때 중학교 교사였던 사람이 대학교수로 영전하고 중학교 교사자리가 모자라면 학생들을 한 교실에 잔뜩 몰아넣으면 되는 것으로 여길 수밖에 더 이상 어떻게 할 수 있었겠는가.

전에 거제도에 조선소를 지을 때, 바다에 인접한 산을 허물어 부지를 준비하는 일과 도크를 짓는 일, 그리고 배를 만드는 일 등 이 세 가지를 순서대로 해나간 것이 아니라 세 가지 일을 동시에 준비하고 동시에 가동해서 배를 만들었다고 어떤 주미대사가 미국도시를 돌아다니며 자랑하다시피 나라선전을 했다는 이야기가 지금 왜 생각나는지 모르지만, 우리나라 교육도 그처럼 무리한 짓을 해서 오늘의 영광을 누리게 된 것이 아닌가 하는 생각에 긴 한숨이 나온다.

해방이 된 지도 60년이 넘었으니 이제 과거일은 모두 잊어버리고 희망적이고 긍정적으로 또다시 앞으로 나아가야 한다는 것은 사실이다. 그러나 지금 우리는 과거에 잘못한 일들에 대해 보상하고 바로 잡을 일들이 너무나 많다. 아직도 재정사정이 빈약하여 하고 싶은 일들을 하지 못하고 있는데다가 난데없이 닥쳐온 교육이념의 갈등으로 사회와 학교가 양분되어 허덕이고 있다는 사실이 참으로 딱하다.

우리의 사학은 해방 이후부터 공립학교가 하지 못한 일을 돕는 일만 하고 있을 뿐 다른 나라의 경우처럼 사학 본연의 자세를 가다듬어 보지도 못하고 있다. 2006년 현재 초등학교의 공사립 비율은 5,658개교 대 75개교로 사학이 차지하는 비율이 매우 낮다. 숫자적 비율(1.3%)로서도 그러하지만 기능면에서도 사학의 특색이라는 것이 인정받지 못하고 있다.

중학교의 공사립 비율은 사학이 22.0%를 차지하고 있지만 (2,340 대 659) 초등학교의 경우와 동일하게 의무교육기관으로서의 역할만 하고 있다. 정부가 기회만 허락한다면 언제든지 규제를 벗어버리고 특수계층의 욕구를 해소시킬 수 있는 입장에 있다. 그러나 공사립 초중학교들은 다양성 없는 단일학제에 얽매인 채 단일목적에 이용되고 있을 뿐이다.

고등학교의 경우 국공사립의 비율은 1,200 대 944로 사학이 44.0%를 차지하고 있다. 여기서는 일부 극소수의 고등학교가 특목고라는 이름 하에 평준화의 굴레를 벗게 되어 경쟁적 입학절차가 허용되고 있다. 그러나 계획경제 체제 하에서 암시장이 숨죽여 존재하듯 특목고의 위치는 늘 불안하다. 어찌된 영문인지 특목고는 정부가 특별히 관권으로 인정하는 암시장과 같기 때문이다. 자유시장 경제체제로 돌아가지 못하고 교육계에도 지금 평준화라는 특별규제가 살아 있어 학습경쟁이 자유롭지가 않다.

전문대에서는 공사립비율이 13 대 139로 사학이 91.4%를 차지하고 있다. 여기서는 사학이 공립학교의 역할을 하고 있는 것과 다름없다. 4년제 대학에서는 국공사립이 25 대 150으로 사학이 85.7%를 차지한다. 그러나 다른 모든 레벨의 학교들이 그렇듯 등록금징수가 자유롭지 않고 정부의 규제를 받는다. 그리고 설상가상으로 의식화된 학생단체가 등록금인하를 요구하는 데모가 매년 일어나는 바람에 사회와 대학은 응당 가야 할 길을 가지 못하고 방황하고 있다.

모든 레벨의 사립학교는 공립학교들의 경우와 마찬가지로 전교조라는 교원노조와는 늘 적대적 관계에 놓여 있다. 이념적으로 전교조는 교장, 사학 그리고 교육 관료를 3대 주적으로 여긴다고 한다. 왜냐하면 학교교육 자체가 지배계급의 기득권 유지 수단이며 교장, 사학, 교육 관료는 기득권을 유지하려는 정권의 '앞잡이'라고 믿는 까닭이다.

따라서 모든 초중고의 교장과 교감 그리고 행정계통의 관료들은 교육의 동반자가 아니라 '타도의 대상자'가 될 수밖에 없다. 공사립학교를 막론하고 교장을 무력화시키는 수법은 어느덧 가장 쉽게 전교조가 제도화했다. 무엇보다도 출근부에 도장 찍는 것을 폐지하는 데 성공했고, 교사라면 으레 작성해야 하는 학습지도안을 쓰지 않겠다고 해서 그렇게 되었으며, 학생들이 기록하는 학생일지도 학생들이 교사들의 흠이나 잘못을 기록하여 남긴다고 반대하여 이것도 쓰지 않게 만들었다.

충남 예산의 보성초등학교 서승목 교장은 2003년 4월, 시간강사였던 여교사에게 차 심부름을 시켰다는 '죄' 아닌 '죄'를 뒤집어쓰고 전교조 교사집단의 공격을 막아내지 못하다가 결국 심리적 갈등으로 노모의 집 옆에 있는 은행나무에 목을 매 자살하고 말았다. 결국은 교장을 무력화하고 학교제도를 파괴하겠다는 전교조의 함정에 빠지고 만 통탄할 일이 벌어졌던 것이다.

전교조 여교사가 집단계략을 실천에 옮기기 위해서 교장실에 들어갔다가 큰 소리를 지르며 튀어나오면서 하는 소리가 "교장이 손목을 잡고 성폭행하려 했다"는 허무맹랑한 연극을 꾸민 것이 도화선이 되어 오히려 하이에나 떼같이 모여든 전교조집단의 공격으로 '변태 성추행자'로 낙인이 찍히는 괴상한 세상이 되었다. 차 심부름과 성추행 같은 덫을 놓고 교장·교감을 성격장애자로 몰아붙일 수 있는 사람들은 보통사람들이 아니다. 이들은 계략을 가지고 행동하는 '혁명전위대'들이다.

출근부에 도장을 못 찍겠다, 또는 학습지도안을 못 쓰겠다고 학교장에게 대드는 평교사를 어떻게 정상적인 학교선생으로 볼 수 있겠는가? 이런 교사들을 채용하여 교장들이 곤욕을 치르는 학교가 있거나 나라가 있다면 이건 무엇이 잘못돼도 한참 잘못된 사회고 나라다. 이런 상황에서 학교교육을 계속한다는 것부터가 크게 잘못된 일이다. 그러나 이런 일이 이제는 한두 가지가 아니다.

일이 이렇게까지 되리라는 예측은 벌써부터 있었다. 1989년 전교조가 불법단체로 인정되고 난 후에 그 회원 천 6백 명이 전교조 탈퇴를 거부하는 바람에 해임을 당했다. 그러나 전교조는 1999년 김대중 대통령에 의해 합법화되었고 해임당한 교사들도 복직되었다. 그 후 전교조는 회원을 늘리고 강화하여 전열을 가다듬고 교장 길들이기와 무력화에 전념하여 사학을 위시한 모든 학교의 공적 조직을 교란시켰다. 일부 학교들이 이른바 '해방구'로 '편입'되는 지경에도 이르렀다.

학교운영 위원회를 전교조가 장악하는 수법으로 이제는 사학의 재단 이사회를 장악하기 위해 사학법을 국회에서 통과시켰다. 그러기 전에 전국 사립 초중고등학교 법인협의회들이 나서서 사학법 통과를 제지하기 위해 갖은 노력을 다했지만 모든 일이 수포로 돌아갔다. 이제는 그 사학법개정을 성사시키기 위한 노력을 계속하고 있다.

전교조의 목적은 한마디로 학교의 지배구조를 바꾸고 인사권까지 탈취해 학교운영권을 장악하려는 것이다. 지금까지도 사학재단 중에서 상지, 조선, 영남, 세종, 동덕, 덕성 등 약 24개 대학에서는 교육부가 파견한 관선이사들이 대학을 움직이고 있거나 이미 대학의 소유권이 타인에게 넘어가 버렸다. 앞으로 사학법 개정이 실패하면 관선이사 파견에 의한 대학운영권 탈취는 더욱 쉬워질 것이다.

4. 우골탑과 대학정비의 기회

필자는 1960년 3월 중순, 아내와 세 살 된 딸, 한 살 된 아들을 데리고 시카고에서 기차를 타고 샌프란시스코에서 내려서 다시 배를 타고 3월 31에 인천부두에 내렸다. 한미재단에서 마련해 준 미군용선을 타고 왔기 때문에 세관을 통과하지 않고 그대로 육지를 밟고 넓은 국도를 찾아 나와서 택시를 잡아타고 서울 집으로 들어왔다.

며칠 있으니까 4·19가 터졌고 그 1년 후 5·16 군사혁명이 일어났다. 필자가 경희대학에 부임한 것은 1960년 4월 1일이었다. 부임하기 1년 전인 1959년 시카고대학에 있을 때 신흥대학교(경희대학교의 전신) 조영식 총장이 우연히 우리 부부가 사는 아파트에 와서 여러 한국 유학생들과 담소할 기회를 가졌다. 그때 필자는 당시 27세 젊은 나이로 시카고대학총장으로 부임한 로버트 하친스 총장을 거명하면서 그가 예일대학교 법대학장으로 있다가 인물과 학문적 업적이 특출하다는 인정을 받아 그 당시 미국에서는 '신흥대학'으로 이름난 시카고대학의 총장이 되었으니 하친스 총장과 조 총장은 두 가지 면에서 공통점이 있다고 말했다. 조 총장도 27세쯤 나이에 총장이 되었고 대학도 같은 신흥대학이니 이건 참으로 드문 인연이라는 뜻이었다. 이 말을 한 덕분에 나는 조 총장의 인정을 받은 꼴이 되었다.

그런데 알고 보니 서울 시내와 다른 시골에서는 신흥대학과 같은 많은 사립대를 '우골탑'이라고 부르고 있었다. 그것은 시골 사는 학부모들이 소 팔고 논 팔고 해서 자식형제들을 서울에 있는 대학에 보냈는데 대학을 나와도 취직이 걱정이고, 학생들이 학교에서 빈둥빈둥 놀기만 한다는 뜻에서 대학을 상아탑이 아닌 '소뼈다귀탑'이라고 조소를 보내는 것이었다.

그 당시 교수들도 전임학교를 비워두고 타 대학에 시간강사로 불려 다니던 경우가 많아서인지 결강이 많았고, 강의실에 학생들이 꽉꽉 들어차 있어서 강의실 분위기도 어수선했고 학생들에게 참고도서를 소개할 형편도 안 되는 그런 시기였다. 철학개론 같은 교양과목은 교수 한 사람이 많은 청강생을 담당하는 까닭에 중간시험이나 학기말시험 때가 되면 시험감독이 어렵다는 교수들의 불평이 나왔고 시험답안지를 교수가 일일이 채점하기가 매우 힘들었다.

A4용지 두 장 분량 되는 답안지에 대개는 문제 하나를 대답하는 형식의 시험인데 수백 장되는 답안지를 교수가 읽고 점수를 매기기가 매우 힘이 들었다. 그런데 당시 각 대학에서 실시하는 이러한 시험답안지는 채점 후 학생들에게 돌려주는 경우는 전무하다시피 했고 대학졸업에 해당하는 총학점이 120학점이나 되다 보니 학생들이 신청하는 학과목 수가 많았다. 1년에 30학점을 따야 하면 한 학기에 적어도 15학점을 따야 한다. 2학점짜리 과목 8개 분량이다. 3학점짜리 4과목에 2학점짜리 2과목이면 모두 6과목 신청을 해야 한다. 과목을 많이 늘려야 학생들이 지정 교과서가 없는 시대에 그나마 교수 강의만이라도 듣고 배워 남는 것이 있지 않겠느냐는 생각은 참으로 가상한 그 당시의 보편적 생각이었다. 학기말 시험 때 부정행위를 하다 들킨 학생이 정학이란 정해진 벌을 받기가 무서워 강당시험장을 100미터 경주를 하듯 뛰어나가는 광경은 우습다 못해 눈물이 날 지경이었던 그때를 필자는 잊을 수가 없다. 그러나 지금은 세상이 많이 달라졌다. 필자가 처음 부임했을 당시 그 대학의 교수 총인원이 불과 백 명 내외였다. 그러나 45년 후인 지금(2007년)은 그 대학의 교수 총인원이 천 6십 명이나

된다. 천 명이나 늘어난 셈이고 의과대학의 교수만도 3백 명이나 된다고 한다.

 필자가 그 대학에 처음 부임했을 때의 사정을 지금 이야기한다는 것은 마음이 내키는 일이 아니다. 학기가 반이 지나갔는데 수강신청을 했다는 학생이 나타나기도 했다. 그러니까 그 학생은 그때 입학했다는 이야기로, 그것도 한둘이 아니라 여러 명이 한꺼번에 들어왔다. 그리고 필자의 강의실만이 아니라 동료 교수들 강의실에서도 있었던 일이다. 정기 입학시기가 아닌 학기 도중에 들어오는 사례는 이른바 '우골탑' 대학에서 공공연히 감행되었지만 이에 대한 교육부의 적절한 감시와 문책은 없었던 것 같다.

 이런 식의 학원부조리는 학생들이 알고, 학부모들이 알고, 그리고 교수들도 알았는데 이것이 전혀 근절이 안 되다 보니 교육부가 눈감아준 것이라고 사람들은 빈정댔다. 무엇보다도 이러한 학원부조리가 그치지 않고 계속되었다는 사실은 납득할 수도 없고 참으로 부끄러운 일이다. 그러나 무엇보다도 염려되는 것은 그렇게 기승을 부린 학원부조리가 후세대에 미친 영향이 과연 어떠했을까 하는 점이다.

 어쨌든 필자는 우리나라의 교육 발전을 액면 그대로 '발전'이라고 믿지 않는다. 그 여러 가지 학원 악습들이 쉽사리 근절되기가 어려운 까닭이다. 그 사태를 보고 들은 사람들이 모두 죽고 없어지지 않는 이상 그것은 이 세상에 나쁜 영향을 주기 마련이다. 그래서 우리나라 교육에서 일제강점기부터 보통학교나 국민학교에서 가르치고 배웠던 중층문화가 새로이 단장되어 보급되지 않는 이상 이미 관습화된 구습은 몸에서 쉽게 사라지지 않을 것이다. 지나온 세월을 두 배로 잡고 새로운 중층교육을 시작하기 전에는 모두가 허사가 될 것이다.

5·16 군사혁명 때 젊은 장교들이 부패한 대학교육을 단시일 내에 정비하겠다는 의욕을 보인 적이 있었다. 문제 대학들을 정비하겠다는 생각을 가지고 그들은 큰소리를 쳤지만 5·16 혁명 직후 오직 대학 하나만을 정비했고, 군사정권시대에 다시 대학수가 바로 늘어나기 시작했으며 구습도 여전했다. 필자는 정비된 대학이 통계수치에서 하나가 줄었다는 것만 알았고 그 대학이 어떤 대학인지 그 이름은 모른다.

필자는 5·16 군사정부가 교육에 대해 실시한 정책들을 모조리 싫어한다. 교육원리에 안 맞아서 그렇기도 하지만 일들을 순리대로 하지 않고 힘으로 밀어붙였다는 느낌을 지울 수 없기 때문이다. 가장 심했던 일은 학생데모를 진압하는 데 있어 잠바부대를 동원하여 학생들을 피투성이로 만든 사실이다. 필자는 그 현장을 직접 보았다. 그러나 이것은 쿠데타집권 직후가 아닌 까닭에 여기서 거론할 필요는 없다. 문제가 되는 것은 대학졸업생들에 대한 자격시험을 결행하겠다는 계획을 단 1년만 실시하고 다음 해에는 취소했던 일이다. 졸업자격시험을 모든 대학 예정자에게 치르게 한 것은 1963년의 일이었다.

우골탑이라는 별명을 듣는 대학들이 '엉터리 졸업생'을 방출할까 두려워 정부가 나서서 자격시험을 치르겠다는 것은 분명 대학과 교수를 신뢰하지 않는다는 말일 것이다. 양적인 증가의 결함으로 질적인 교육을 못 시켰다는 판단에서 정부가 나서서 (군사정부의 엄한 이미지가 들어맞았다) 하는 일이어서 국민들의 기대가 컸지만 교육의 질을 높이는 일은 하루 이틀에 치르는 필답시험으로 이루어지는 것이 아니다. 대학당국에 대한 경고성 위협은 있을 만하지만, 모든 교육활동은 조직적이어야 하기에 여기에는 학습의 기본인 교과과정 운영부터 시작해서 유자격 교수채용, 입체적 학습활동과 도서실, 공정한 학생선발, 엄격한 대학행정 체계 확립, 정규학습과 유기적 연결을 맺는 학생들의 과외활동 등 여러 가지 구성요소들이 유기적으로 결합되어야 한다.

졸업시험이 미국에도 있기는 하지만 학생 성적에 대해서는 담당교수가 자기 책임 하에 성적을 주고 졸업도 시키는 법인데, 교육부 지시에 따라 교수가 이미 내준 성적을 불신하고 대학이 성적검사를 따로 한다는 것이 마음에 들지 않았다. 아무래도 군인들이 하는 일이라 다를 수밖에 없다 생각하며 필자는 한숨을 쉬었다. 다행히 그 제도는 다시 시행되지 않았지만 필자는 대학교수를 책임 있는 상아탑의 주인으로 대우하지는 못하고 우골탑의 머슴으로 부리려는 권력자들의 처사가 마음에 들지 않았다. 하여간 우리나라는 여러 가지 시행착오를 거치면서 오늘까지 '교육발전'을 해온 것을 생각하면 앞으로 시행착오를 덜 해야겠다는 자성과 각오가 있어야 할 것이다.

군사정부는 졸업자격시험만이 아니라 기타 여러 가지 의욕적인 개선책을 제시했다. 그중 한 가지가 입학자격시험이었다. 이 제도는 2년제 초급대와 4년제 대학에 입학하는 입시자격을 엄격히 구별하기로 한 것이었다. 이것은 수학능력을 검증한다는 수능시험이 아니라 일종의 학력시험으로써 합격선을 정해서 이것에 합격하는 학생만이 4년제 대학에 입학원서를 낼 수 있고 낙방하면 2년제 초급대학에 들어갈 수밖에 없었다.

그러나 어디서 압력이 작용했는지 이 제도는 곧 폐지되고 합격선이라는 것이 없어졌다. 따라서 시험점수가 낮아도 지원자가 원하면 4년제 대학에 입학원서를 제출할 수가 있다. 이 시험의 요체인 합격선이 없어짐으로 해서 덕을 본 것은 초급대와 입학 지원생들이었다. 아마도 초급대의 경영자들은 학력고사의 합격선이 철폐된 것에 대해 누구보다도 기뻐했을 것이다. 앞으로 초급대의 입학지원자들이 증가할 것이기 때문이었다.

그러나 애당초 학력고사에 합격선을 둔다는 것부터가 학원관료제의 쇠사슬의 존재를 인식시키는 군사정부의 상투적 수법이라는 점에서 우리나라의 문화지체 현상을 확인하는 것에 지나지 않았다. 설사 합격선이 없다고 해도 학력검사의 개방된 표준화검사의 일종이 틀림이 없다면 학력검사의 성적만으로도 입학지원자의 선발이 가능하다는 사실을 왜 모르고 합격선을 만들었는지 이해할 수가 없다.

합격선이 있는 것과 없는 것은 누가 봐도 아무런 효과가 없는 것이다. 성적이 좋은 학생들에게는 자기 성적이 곧 합격선인 것이다. 성적이 나쁜 학생들은 합격할 가능성이 없어도, 즉 자기 성적이 합격선 밖에 있는 것을 알면서도 입학원서를 제출할 자격이 생겼다는 것만으로 무슨 가치가 있고 효과가 있겠는가. 도무지 이해가 가지 않는다. 합격선을 없애므로써 누구나 입학원서를 제출할 수가 있다는 것만으로 자기의 성적이 부실하다는 것을 알고 또 낙방할 줄 알면서 그 대학에 원서를 낸다는 것은 어리석은 발상이다. 대개는 어느 정도의 합격가능성이 있는 것을 아는 까닭에 원서를 내는 데 욕심을 낼 것이다. 원서를 받아준다는 허락만으로 원서 제출을 하게 만드는 대학입학 정책은 문명국가에서 받아들여 질 수 있는 것은 아니다.

숫자놀이가 재미있고 신기한 점은 숫자를 어떻게 이용하느냐에 따라 그 효과가 달라진다는 것이다. 학력검사에 합격선을 둬서 학생들의 합격여부를 결정짓는 방법이 있는가 하면 또 다른 방법은 표준화된 학력검사의 성적을 분식해서 사용하는 방법이다.

학력검사가 표준화되었다고 하면 그 뜻은 자기의 시험성적이 석차

순으로 표시될 수 있다는 것을 의미한다. 표준화검사로 전체 수험생 중에서 자기 성적이 어느 위치에 있다는 것을 알게 하는 효과가 있다. 표준검사에서 (지금의 대학 수능시험도 그 중 한 종류지만) 예를 들어 약 1만 명의 성적이 나타났다고 할 때 개인의 성적이 액면 그대로 그 순위를 나타낼 수 있게 하는 것이 아니라 이것을 9등급으로 나누어서 분식처리(분을 발라서 원 모습을 장식하는 것)한다면 그 성적의 진가는 희석되고 만다. 왜냐하면 9등급으로 나누면 한 등급에 속하는 1천명의 성적이 동일한 가치를 갖게 된다. 동일한 급수가 9개가 되면 1등에서 1만등의 차이가 단지 1등에서 9등까지의 격차로 둔갑하게 된다. 오늘날의 수능시험성적은 이렇게 해서 교육평등을 이루게 하는 방편으로 쓰이고 있다.

군사정부는 교육의 질을 높이겠다는 의도로 학력시험을 통해 성적이 나쁜 학생들에게 4년제 대학에 입학원서를 내지 못하게 만들었지만, 오늘날의 평등교육 주창자들은 수능시험의 장점을 등한시해서 성적차를 인정하지 않겠다고 성적분식을 시도하고 있다. 어디까지 교육평등을 이루자고 하는 것인지, 우리나라의 교육은 경쟁 없는 민주화를 향해 질주를 계속하고 있다. 해방이후 지금까지 60년 동안을 말이다.

군사정부는 교육의 질을 높인다는 구실 아래 또 한 가지 정책을 내놓았다. 그것은 상대평가라는 제도다. 학생정원이 100명이면 10%를 더한 110명을 입학생으로 받아도 된다는 허락통지를 각 대학에 보냈다. 그 내용은 한 학기 또는 1년이 경과되면 성적이 나쁜 10%의 학생들을 퇴학시키라는 것이었다. 이것은 데모를 일삼는 대학생들을 서로 성적경쟁을 하도록 만들어서 낙제생 10%에 들지 않으려고 공부만 하고 데모는 안 할 것이라 예상하고 만든 제도였다.

그 당시만 해도 대학은 학점제를 사용하지 않고 다른 하급학교들과 같이 학년제를 채택하고 있었는데 이것은 대학교육에서 너무나 이례적인 제도였다. 미국에서는 고등학교도 학년제를 채택하여 1년 단위로 학년진급을 허용하는 것이 아니라 학점제를 채택하여 학점만 따면 졸업이 가능하다. 우리나라는 군사정부가 들어섰을 때 학년제를 택했던 관계로 정원 10%의 낙제생제도가 가능했던 것이다.

상대평가제란 성적을 숫자로 표기하는 것이 아니라 ABCD로 표시하는 것인데 A를 받는 학생이 일정비율로 정해져 있었다. BCD도 마찬가지였다. 10% 학생이 낙제가 되려면 F학점을 받는 학생 수와 비율이 정해져 있어야 했고 그 비율은 반드시 10%가 낙제가 되도록 성적심의 교수회에서의 결의가 필요했다.(어떻게 된 영문인지 지금은 ABCD로 표시하는 평가방법을 상대평가가 아니라 절대평가라 부른다고 한다.)

그러나 이러한 교육부 지시는 각 대학에서 엄격히 지켜지지 않아서 결국 정원 외 10% 입학제는 학교측에는 '남는 장사'가 되었다. 왜냐하면 학생들 중에는 군입대하는 학생들이 생기는 바람에 10%낙제 규정을 지키기 어려워진 까닭이다.

또한 군사정부가 각 대학에 지시한 시달 사항 중에는 학생지도 교수제라는 것이 있었는데 이 제도는 학생들이 가두시위를 하려고 교문을 뛰쳐나가면 지도교수가 자기가 맡은 지도학생들을 따라가서 데모에 참가하지 못하도록 '지도' 하게 하는 제도였다. 서류상의 형식은 완벽했다. 왜냐하면 각과 교수들은 학생들을 배당받아 명단이 작성되었기 때문이다. 그러나 이 제도도 처음부터 교수들의 무성의로 휴지화되어 버렸다.

5. 부패왕국

앞서 필자는 우리나라 대학들의 경이적인 양적 팽창에 대해 부정적인 견해를 피력한 데 대해 독자들에게 죄송스러운 마음을 금치 못한다. 특히 그 경이적인 '발전' 뒤에는 부정부패가 심해서 필자 자신이 못 견디겠다는 생각을 늘 하고 있는 탓에 그런 부정적 견해가 터져 나오곤 하는 것이 사실이다. 그러나 왜 우리나라에 그런 부정부패가 심한가에 대해서는 나름대로의 생각이 있어 이것을 반드시 이야기해야겠다고 생각한다.

단적으로 말해서 우리나라 사회에 부정부패 사건이 많은 것은 우리나라 사람들이 너무나 인정이 많고 예의를 지키자는 마음이 강하기 때문이라고 필자는 생각해왔다.

우리나라에서는 설이나 추석 같은 명절과 조상의 제사 때가 되면 음식을 많이 장만해 놓고 주위 사람들을 초대해서 음식을 나누어 먹는 관습이 예부터 있어왔다. 그런데 인류학 공부를 하다가 안 것인데, 많은 부족의 경우 잔치를 벌일 날을 택해서 음식을 푸짐하게 만들어 놓고 동네 사람들을 불러 모으는 것이 습성이라고 한다. 즉 설이다 추석이다 해서 적당한 구실을 만들어 음식을 장만해 나누어 먹는다는 것이다.

우리나라는 원래 '동방예의지국'이라 남의 신세를 지면 반드시 갚아야 된다고 생각한다. 옆집에서 돌떡이나 고사떡을 보내와서 받아먹었으면 다음에 사과나 감 몇 개를 접시에 담아서 보내는 것이 도리라고 배웠다. 그러니 내 아이를 특별히 생각해서 입학시켜준 교장선생님께 부모된 사람이 '적당한 예'를 치르는 것이 옳다고 생각하는 사람이 한국 사람인 것이다.

어떤 교수가 낙제할 만한 시험성적을 받은 학생에게 D학점을 주었을 경우 학생은 그 교수에게 고마움을 표시하기 위해 자그마한 케이크 선물을 갖다드리는 것이 어째서 나쁜 일인가? 이렇게 생각한 학생 하나가 한번은 우리 집에 케이크 선물을 보내왔다. 1965년쯤의 일이다. 그런데 그 학생은 성적을 내기 전에 그 선물을 보낸 것이었다. 말하자면 그것은 분명 뇌물이었다. 그때 필자는 학생이 그런 행동을 한 것을 고쳐 주려고 그 선물을 강의실로 가져가서 여러 학생들이 보는 앞에서 그런 일을 해서는 안 된다는 이야기를 하고 그 선물을 돌려주었다. 그런데 나중에 들려오는 말은 "그 선생 참 까다롭기도 하다"라는 것이었다. 그 말을 어떤 학생에게서 듣고 나니 실수를 한 것 같았다.

뭔가 잘못된 모양인데 학생들의 반응은 이해하기 어려웠다. 그뿐만이 아니라 앞으로 학생들을 어떻게 대해야 할지도 모르게 되었다. 학생들의 반응 중에 특히 충격적인 것은 "왜 여러 학생들 앞에서 학생을 모욕했습니까?"라는 말이었다. "당사자만 불러서 주의를 줘도 되셨을 텐데 왜 공개적으로 모욕을 주셨습니까?" 하는 것이 학생들의 중론이었다.

필자는 여러 학생들에게 성적을 구걸하는 일은 없어야 한다는 말을 한 것이라 생각했지만 학생들은 "그런 일은 개인 비밀에 속하는 일이니 당사자끼리 해결하라"라는 의미인 것 같았다. 그런데 실상 "왜 선생에게 선물을 해야 하는가"라는, 선물의 의미에 대한 질문에 모든 학생들이 회피하려는 태도였다. 그러니까 선물을 주고받고 하는 옛적의 행동이 오늘에 와서는 통용되어서는 안 된다는 견해차가 있는 것이 틀림없었다.

구습(악습일 것이다)을 고친다는 일이 얼마나 어려운 일인지, 이 사실을 필자 자신도 깜박 잊어버리는 경우가 많다. 대만의 어느 원주민 부락에서 일어난 일이다. 이 이야기는 일제강점기 때 보통학교 국어교과서에 실렸던 이야기인데, 주인공이 부락의 추장인지 아니면 대만정부의 행정관인지 불분명하지만 사건의 내용은 이러했다. 원주민들에게는 해묵은 구습이 있었는데, 그것은 사람을 잡아먹는 식인습관이었다. 이 습관을 단절시키겠다는 추장인가 행정관의 오랜 충고에도 불구하고 하루는 부락민들이 사람을 한 번만 잡아먹게 해달라는 애원이 있어서 그는 이렇게 말했다. "몇 날 며칠에 사람 하나가 동구 밖 큰 나무가 있는 곳을 지나갈 것이니 그때 그 사람만 잡아먹어도 좋다. 그러나 그 사람이 마지막 희생자인 줄 알고 앞으로는 절대로 사람을 잡아먹지 말라."

그렇게 예정된 날, 부락민들은 그 일을 결행했다. 들은 말대로 죽을 사람은 얼굴을 가리고 머리에다 헝겊을 감고 나타났다. 일을 끝내고 나서 죽은 사람 얼굴을 들여다보니 그게 바로 자기들에게 마지막으로 사람을 죽여도 좋다는 말을 한 바로 그 사람이었다. 이 사건이 난 이후 부락민들은 식인습관을 고쳤다는 것이다. 대만에 가면 이 사건이 발생했던 부락(아리산)이 지금은 관광지로 되어 있다.

우리 민족은 예로부터 신세진 사람에게 답례하는 일을 잘못된 일이라고 생각하지 않았다. 인류학에서는 이러한 상호관계를 Reciprocal relation이라고 부른다. 보답이란 뜻이 담겨 있는 이 용어는 원주민 사회에서는 참으로 아름다운 말이다. 서로 보답하는 자세야말로 원주민들이 서로 단결하고 협동해서 살아가는 가장 중요한 가치고 행동규범이다. 문제는 이 귀중한 행동규칙도 시와 때가 다르면 달라져야 하는

데 사람들에게는 문화지체文化遲滯라는 습성이 있어서 문화적 변화에 재빨리 적응하지 못한다.

서로 보답하며 사는 원시적 상호관계는 물질만능주의 현대사회에서 예기치 않은 국면을 맞이했는데 그것은 신 원시적 상호관계다. 이 관계에서 그 끈끈한 인간주의는 없어지고 냉철한 현금주의가 판을 치게 된 것이다. 일단 아는 사이가 되도록 길을 찾아 상대를 알아 놓고 어느 정도의 유대를 인위적으로 형성한 후에 상대가 금전적 신세를 지도록 만드는 것이다. 신세를 지면 보답을 해야 하는 것이기 때문에 상대가 원하는 정보, 기밀, 역할, 거짓말 기타 무엇이든 상대의 부탁을 들어주어야 한다는 마음준비가 되는 것이다. 더욱이 상대가 협박이라도 가해 오면 그 사람의 요구를 들어주지 않을 수 없게 된다.

신 원시적 상호관계는 돈으로만 움직이지는 않고, 우정이나 어떤 이념관계로 유대가 형성되면 돈보다 더 강한 보답관계가 실현된다. 현금이 오가면 그 보답관계는 물론 더 강화되어 거짓말을 하는 것 이상의 일도 해낼 수 있다.

한국사회에서 벌어지고 있는 원시적 상호관계가 사회비리와 불법행위에 접목이 되어 그 위세와 효과가 여지없이 발휘되고 있는 한 이것을 중단시키려는 어떤 수단도 지금은 효과가 없다. 그렇기 때문에 구습(악습)과 하류 원주민 문화를 거국적으로 퇴출시키는 일대 교육운동이 벌어져야 한다는 생각을 하는 것이다.

원시적 상호관계가 성립되지 않는 세상에서 살아 보지 않은 사람들은 한국 사람들이 구습에 뿌리를 두고 사는 이유를 이해하지 못한다. 한국 사람들은 서로 신세를 지기고 하고 신세를 갚기도 하며 '좋은 게 좋다'는 인생관으로 살기를 좋아하는 인정 많은 민족인 까닭이다. 그러나 초등학교 아이들이 인정 많은 가정을 떠나서 학교라는 인정 없는 학교사회에서 새로운 형태의 인생살이를 배워야 하는 것처럼 우리도 새로운 사회 환경에 적응할 줄 알아야 한다.

각주 _____

1 Havighurst, R.J. and Bernice L. Neugarten, 「Society and Education」. Boston : Allyn and Bacon, 1962. pp.274-275.

2 "Education, History of", ENCYCLOPAEDIA BRITANNICA, volumn7, p.980.

3 "LANCASTER, Joseph"(1778-1838), ENCYCLOPAEDIA BRITANNICA, volumn 13.

4 김선호 · 김정한 공저, 「사회계층과 교육」. 서울 : 培英社 新書 194, 2002, p.156.

5 문교행정통계표(1959). 문교부, pp.7-14.

6 1990 교육통계연보(교육인적자원부/한국교육개발원). pp.26-29.

7 2006 교육통계연보(교육인적자원부/한국교육개발원). pp.26-29.

제3장

교육 격차와 「게임의 법칙」

우리나라 국민 중에는 잘사는 사람도 있고 그렇지 않은 서민층도 있다. 그러나 이들은 다 같은 대한민국의 국민이다. 서민들은 그들의 자녀들이 능력과 노력으로 학교교육을 통해 사회적 상승(사회적 성공)의 기회를 잡을 수 있도록 국가와 사회가 제도적으로 도와주기를 바란다. 또한 기득권층이라 할 수 있는 '가진 자'들은 그들의 자녀들이 자신의 능력과 부모의 후원으로 사회적 성공을 성취해 안락한 삶을 누릴 수 있기를 원한다. 이것이 국민이 원하는 사회며, 이것을 원하는 것이 바로 학교교육이다. 교육은 이런 균형 있는 사회를 위해 헌신적으로 봉사해야 한다.

우리는 이와 같은 사회와 학교의 관계를 직시하며 살고 있다. 그러나 학교에 다니기 시작하면서 우리는 성적에 매달려 인생을 시작한다. 성적이 상급학교 선택을 결정하고 직업을 얻어 주고, 생활비를 대주고 밥을 먹여 준다고 믿는다. 모든 사람들이 학교교육의 중요성을 이렇게 이해하고 있다.

사람은 각자 다른 특징이 있어서 신장이 다르고 체중이 다르다. 그리고 학생들의 성적도 각각 달라 격차가 있다. 학생들의 경제적, 문화적 환경도 각각 다르고 이것의 영향을 받아서 학생들의 성적도 각각 다를 수 있다. 이 세상에 빈부 격차나 학생 성적 격차가 없는 나라가 어디 있겠는가?

그런데 현 정부는 계층 간의 성적 격차를 꼬집어 '교육 격차의 양극화'라는 자극적인 용어를 사용하고 있다. 이를 신문에 대서특필해 국민의 이목을 끌고 감정을 자극한다. 자신을 '못 가진 사람'이라고 생각하는 사람들은 이런 기사에 당연히 화가 나게 마련이다. 계급의식에 불을 붙여 득표를 많이 한 대통령이나 국회의원들이 득세하면 더욱더

'가진 사람'과 '못 가진 사람' 간의 반목이 심해질 것이다.

"며칠 전 2005년 서울대 합격자 통계를 분석하다가 우리 사회가 참 많이 바뀌었구나 하는 생각을 했습니다. 통계에 의하면 서울 강남구의 경우는 인문계고 고3 학생수가 76,922명인데 서울대 합격자가 201명이어서 천 명당 25.4명꼴이었습니다. 그런데 서울 마포구는 인문계 고3 학생수가 2,158명인데 서울대 합격자가 6명으로 천 명당 2.8명입니다. 서울 안에서도 강남구와 마포구의 차이가 약 9:1입니다. 이러한 격차는 연세대, 고려대의 경우도 비슷하게 나타납니다."

이 내용은 「청와대 브리핑」 첫 장에 나오는 것이다.[1] 청와대 브리핑 자료의 제목은 〈교육 양극화, 그리고 게임의 법칙〉으로 되어 있다. 그래서 필자는 제3장의 제목을 교육 격차와 '게임의 법칙'으로 잡았다.

1. 성적을 떠나서는 할 수 없는 학교생활

학교제도는 사다리와 같은 것이다. 우리 아이들은 이 사다리를 타고 초등학교 1학년부터 대학까지 쉴 새 없이 올라간다. 중간에 인문고와 실업고로 갈라지는 진로 선택의 갈림길에서 고민하는 경우도 있고, 올라온 사다리와 앞으로 올라갈 사다리를 내려다보고 쳐다보면서 한 단계 한 단계가 모두 성적으로 평가되는 고달픈 길이라는 사실에 비애를 느낀다. 사다리를 잘못 올라가면, 즉 능력과 의지가 부족하면 대학으로 가는 길이 아니고 실업학교를 끝으로 학교교육을 마감하게 될지도 모른다. 대학으로 가는 길도 2년제에서 끝날 수 있고 4년제라도 이른바 2류, 3류 대학으로 빠질 수도 있다.

성적이 학교진로를 결정하는 것은 엄연한 현실이다. 성적이 우수해야 좋은 고등학교에 들어가고 명문대학을 나와야 좋은 직업을 구하게 될 것이다. 이것은 옛날에 선비들이 과거에 장원급제해서 높은 관직을 얻는 것과 같은 영광의 길이다. 물론 예나 지금이나 최고의 길은 못 가더라도 평범한 위치에서 마음 썩이지 않고 평탄한 길을 택할 수는 있다. 그러나 신분제도가 있던 그때와는 달리 지금은 능력과 성실성만 있으면 누구나 높은 자리에 올라갈 수 있다는 차이가 있다. 그래서 민주사회에 더 크고 많은 성공의 기회가 있다는 것이 아니겠는가.

물론 봉건사회와 산업사회에서 성공의 기준은 많이 다르다. 산업사회에서는 신분과 지위만이 유일한 성공의 길이 아니다. 신분보다 개인의 능력이 더 중요한 요소이며 이 능력을 기르기 위해서는 대체로 학교교육에 의존할 수밖에 없는 것이 현대 산업사회다. 그런데 학교에서는 사람의 능력을 성적을 통해 평가한다는 특수성이 있다. 학교교육을 형식적 교육이라 부르고, 성적을 측정하는 데도 학교에서 통하는 형식주의에 의해 평가된다. 여하튼 성적이라는 것은 대단한 현실성을 가진 현대사회식 자격증명서이자 신분증명서다. 필자 생각으로는 단순한 신분증명서라면 주민등록증으로 족하지만 성적증명서라는 의미까지 포함한다면 호패號牌라고 부르는 것이 더 합당할 것 같다. 지난 시절 호패가 신분을 나타냈듯이 우리의 신 호패는 성적을 나타내는 성적호패成績號牌라 할 것이다.

학교 성적의 특징은 모두 동일하지 않고 차이가 있다는 것이다. 성적은 대개 아라비아 숫자로 표시되는데, 이는 0점에서 100점 사이의 숫자다. 성적은 석차 또는 순위로 나타낼 수 있어서, 경쟁적인 입학시험

같은 경우에는 점수보다 석차가 더 쉽게 눈에 띈다. 재학생 백 명 중에서 1위는 최고 성적이라는 의미다. 그러나 경우에 따라서 백 명 중에서 1위를 하는 것보다 30명 중에서 1위를 한 학생이 더 우수한 학생일 수가 있다. 지방 고등학교 백 명 학생 중 1위를 한 학생보다 서울 시내 고등학교 30명 중에서 1위를 한 학생의 성적(실력)이 더 우수할 수 있다. 그러므로 성적은 표준화검사를 통해 서로 비교해 보기 전까지는 그것의 우위를 알 수 없다.

성적이 절대적 가치를 가졌다고는 하지만 서로 비교해 보기 전에는 그 절대성을 믿을 수 없다. 왜냐하면 성적에는 개인적인 차이가 있고 학교별로 보면 학교차가 있다는 것을 알 수 있기 때문이다. 고등학교 학생들이 개인자격으로 응시하는 대학입학 수능시험에서 전국 1등이 반드시 서울서 나온다는 철칙은 없는 것이고, 지역적으로 지방 고등학교의 우등생들이 서울 명문 외국어고등학교 학생들보다 집단적으로 볼 때 더 우수하다는 단정을 내릴 수도 없다. 이처럼 학교차가 있다는 것을 우리는 잘 알고 있다.

성적에 관한 자료에 있어서도 이것이 숫자를 상대로 하는 것이 되어 잘못하면 남을 속이거나 남들에게 속아 넘어가는 일들이 일어난다. 성적에 관해서는 상대평가, 절대평가 또는 표준검사 등 여러 가지 전문용어가 뒤섞여서 혼동을 일으키는 경우가 있다. 예를 들면 영어시험에서 80점을 받았다고 하면 이 점수가 자기 학급에서 우등생에 속하는 것인지 알 수가 없다. 왜냐하면 학급에서 성적의 서열을 모르면 단독 점수만으로는 이 학생의 위치를 판단할 수가 없기 때문이다.

그리고 80점이라는 숫자가 그 반에서는 서열 1등이라고 해도 다른 반 또는 다른 학교 아니면 전국을 상대로 했을 때 어느 정도의 실력인지 모른다. 그러므로 전국을 상대로 하는 수능시험 같은 표준화검사의 성적과 석차를 알면 제일 확실할 것이다. 그러나 영어성적만 가지고 전국순위를 안다 해도 이 학생이 수학(대수)이나 과학(물리학)에 있어서 어느 정도의 실력을 갖추고 있는지는 알 수 없는 노릇이다.

이런 이유로 교육부가 대학입시 수능시험의 원점수는 공개하지 않고 등급만 알려주는 것은 어딘지 이상하다는 생각을 하는 것이 당연하다. 내신 성적도 같은 처지에 있다. 내신 성적에서 전체이수과목에 대한 석차를 알려 주지 않으면 이 학생의 실력이 어느 정도인지 모르는 것은 당연하다. 변별력이 없는 논술시험으로 어떻게 학생을 선발하느냐고 항의하는 해당 대학들은 무식하거나 순진하다고 할 수밖에 없다. 학생을 선발하는 데 있어 우수한 학생을 고르라는 것이 아니라 제비를 뽑아서 학생을 받으라는 뜻인 것을 알아 차려야 할 것이다.

왜 이런 말을 하는가? 그 이유는 청와대 브리핑 자료에 나오는 내용을 읽으면 금방 알 수가 있다. 그 내용은 다음과 같다.

"가정환경에 따라 어떤 아이는 30미터 앞에서 출발하여 70미터만 달리면 되고, 어떤 아이는 10미터 앞에서 출발하여 90미터만 뛰면 되고, 어떤 아이는 100미터를 다 달려야 하는 것이다. 이러한 게임의 불공정성은 우리 사회의 흐름상 특별한 조치가 없는 한 나날이 심화되어 갈 것이다."[2]

이 말이 나오기 전에 이미 본장 서론에서 소개한 대로 교육의 양극화를 강남과 마포구의 2005년 서울대 합격자 통계자료에서 알 수 있다고 했다. 즉 서울 마포구 고3 학생들의 2.8명(천 명당)이 서울대에 합격했으나 강남에서는 고3 학생 천 명당 25.4명이 서울대에 합격했다는 것이다. 물론 동 청와대 브리핑의 더 자세한 자료는 '교육 양극화'

현상을 보여주고 있다.

그러나 이 자료에서 어느 사회계층 학생들을 상대로 조사했는지는 언급되지 않았다. 이들이 상층인지 아니면 서민층, 즉 중층 또는 하의 상층의 학생인지를 알면 더 설득력이 있었을 것이라는 생각이 든다. 1991년 서울대 학생생활 연구소가 발표한 자료에 의하면 조사 응답자의 78.8%가 상층이나 부자가 아닌 것으로 나타났다. 이것이 사실이라면 '교육 양극화'의 의미는 퇴색한다.[3]

청와대 브리핑 〈교육 양극화, 그리고 게임의 법칙〉을 읽어 보니 성적 격차는 분명 가정환경에 그 원인이 있는 것으로 지적되고 있다. 그래서 가정환경의 차이를 드러내지 않기 위해서 수능시험의 원점수를 대학에게도 알리지 않고 1-9등급제를 사용한다는 것을 알 수 있다. 그러니까 이것이 바로 '게임의 법칙'이로구나 하는 생각이 든다는 뜻이다.

그리고 1961년, 미국 케네디 정부에서 대학입학과 고용에서 쿼터제를 적용하거나 가산점을 부여해서 소수민족, 여성 등 사회적 약자를 우대하는 정책을 시행한 전력이 있다는 예를 들면서 경제, 사회, 문화적 환경이 낮은 '사회적 약자'를 특별히 대한다는 명분을 제시했다.[4]

그러나 여기서 문제가 되는 것은 '사회적 약자'를 특별히 우대하는 것이 미국 민주당이나 노무현 대통령의 입장에서는 명분이 좋은 정책이라는 생각은 들지만, 만약에 미국이나 대한민국의 국체나 기본적 사회구조를 흔들어 놓을 위험성이 있을 정도로 '사회적 약자'를 구제하려는 의도가 있다면 이는 도저히 국민들로부터 이해를 얻어내지 못할 거라는 생각이 든다.

'사회적 약자'를 구하려다가 자국의 대학구조 존립 자체를 위협하는 일이 있으면 안 될 것이다. 우리의 경우는 그 약자들을 구하려다가 신입생을 뽑는 작업을 포기할 수도 있으니 말이다. 논술고사 하나만으로도 신입생모집을 포기할 수 있는 것이 오늘의 우리나라 실정이다. '사회적 약자'를 구하려다 '기러기 아빠'가 늘어나고 공교육이 무너지는 상황에 이른 것을 몰라라 해서는 안 될 것이다.

'사회적 약자'를 돕기 위해서 취하는 정책이라면 강자를 죽이지 않고도 약자와 강자가 다 같이 잘 살 수 있게 또는 잘 지낼 수 있게 하는 방법이나 법칙이 얼마든지 있다.

서울대학도 교육부의 고충을 감안하여 심사숙고한 결과인지는 몰라도 '사회적 약자'인 지방학교의 석차순위 1위 학생들을 지방군수의 추천장이 있는 경우 신입생으로 받아 주었다. 프랑스와 같은 수준으로 '교육적으로 소외된 지역'을 '우대교육지역'으로 인정한 경우다. 그러나 논술시험마저 서울대가 원하는 방식으로 시행하지 못하도록 규제를 가하는 것은 단순히 '사회적 약자'를 구제하기 위한 처사가 아니다. 우리나라 대학 전체가 대학입학생 전형에서 별 뚜렷한 변별력이 없는 학생기록으로 신입생을 뽑아야 한다는 정책이 오늘의 교육과 사회적 위기상황을 야기한 것이다.

만일 현 정부가 복선형학제를 인정하고 엘리트코스를 장려해서 힘있게 추진하는 정치적·교육적 이념을 가진 정부라면 미국이나 프랑스처럼 소외된 '소수의 약자'를 마음 놓고 돕지 못할 이유가 없다. 오히려 우리는 복선형학제에서 뒤처지는 소외계층을 위해 어떤 선진 국가에서도 시행하지 못한 시책을 발굴, 추진할 능력을 발휘할 것이다. 가령 기존의 보습·입시학원들을 활용하여 소외계층 아이들의 학습지도에 유익한 효과를 올리도록 연구 검토할 수도 있을 것이다.

지금 부각되고 있는 '교육의 양극화'라는 용어는 잘못된 표현이다.

교육에 양극화란 없다. 교육은 능력을 다루는 것이고 그 능력이 성적으로 표시되는 것은 사실이지만, 숫자로 표현된 성적이 양극으로 분리되는 현상은 실제로 일어날 수 없다. 양극상태를 수적 개념이나 평균점을 통해서 만들 수는 있지만 실제로 양극화란 인간에게 적용이 되지 않는다.

사회 집단 간에 수입 격차가 있다고 양극화라 하고, 학교 성적이나 서울대에 들어가는 신입생 수에 집단 간 격차가 생겼다고 양극화라고 한다면, 양 집단 간에 이간을 부추기는 데는 쓸모 있을지 모르지만 서로 협력해서 잘 살자는 뜻을 가진 사람들에게는 도움이 되는 용어가 아니다. 다음에 소개하는 사례를 읽고 그 의미를 생각해 보자. 성적의 격차에 관한 문제다.

사례 1

전국 1,847개 고교 중에서 수능성적 상위 10%에 한 명도 못 들어간 학교가 823개교(45%)

재학생 전원이 수능시험 상위 10% 이내에 들어 있는 학교는 3개교

823개 학교의 전교 1등은 나머지 학교의 전교 50등에도 미치지 못한다.[5]

사례 2

월 소득 5백만 원 이상인 부모를 둔 학생의 2005년도 대입수능 평균은 316.86점,

월 소득 3백만~5백만 원인 부모의 자녀는 305.82점,

월 소득 3백만 원 미만은 291.12점,

박사학위 소지자의 자녀는 평균 336.29점,

고졸자의 자녀는 294.96점,

초등학교 졸업자의 자녀는 280.21점.[6]

이 사실을 보고 사람들이 무엇을 생각할까? '사회적 약자'를 찾았으니 이들에게 어떤 '게임의 법칙'을 적용할 것인가를 생각할까, 아니면 이런 격차가 생기지 않도록 우리는 무엇을 해야 할 것인가를 생각할까? 이 두 가지는 질문은 두 가지 대립된 방향에서 그 해답을 찾으려고 한다. 전자는 혁명적 제도개혁을 암시하는 것 같고, 후자는 학습심리학적으로 정당하고 실행 가능한 해법을 찾으려고 제기하는 질문이다.

예를 들면 신체장애 아이를 두고 있는 가정의 부모는 정상인 다른 아이를 제쳐놓고 이 아이만 보살펴 줄 수 없을 것이다. 다른 아이들에게도 신경을 써줘야 한다. 이런 가정에서 두 아이에게 동시에 관심을 가져야 하듯이 국가사회의 교육은 헤비거스트 교수가 생전에 주장하듯 두 가지 길을 동시에 충실히 개척해 나갈 수밖에 다른 도리가 없다.[7]

사회가 '사회적 약자'와 '건강한 일반 시민'에게 동시에 복지와 혜택 방안을 제시하듯 학교도 두 갈래 길, 즉 복선형학제를 활용할 수밖에 없다. 단선형학제의 정신과 복선형학제의 기본원리를 살려서 각자 다른 자질과 배경의 아이들을 한 울타리, 즉 한 국가사회의 복선형 진로를 통해 갈 길을 찾도록 해야 할 것이다.

두 가지 길이란 구체적으로 이런 것이다. 위의 사례에서 소개한 학생들에 있어서 집안의 수입과 학식이 높을수록 성적이 좋게 나타나는 경향이 있고, 집안의 수입과 학식이 낮을수록 학생들의 성적도 낮다는 것이다. 이런 경우 그렇기 때문에 '사회적 약자'에게는 특단의 '게임의 법칙'이 필요하다는 것인데, 문제는 지금 학교에 재학 중인 학생들에게 당장 어떤 교육적 조치를 취할 수 있느냐 하는 것이다.

약자라고 칭할 수 있는 성적이 낮은 학생들을 지금 당장 성적이 우수한 반에 혼합 수용할 수는 없다. 혼합 수용하게 되면 성적 우열자가 같은 학습장에 혼합되는 까닭에 학습의 효과는 떨어진다. 그러나 단선형 학제에 있어서 초중학교, 즉 하급학교에서는 우열반 편성으로 학습의 효과를 향상시키는 방도가 있지만 중급학교인 고등학교에 올라가서는 자연히 교과과정의 특성에 따라 학교진로가 달라질 수밖에 없다. 이래서 고등학교부터는 복선형 학교로 갈라질 수밖에 없다.

이렇게 되면 '사회적 약자'는 약자의 길을 택하는 결과가 되는 탓에 여기서야 말로 특단의 게임의 법칙이 적용돼야 한다고 주장하는 사람들이 나타날 것이다. 그러나 한 가정의 신체장애아가 자신의 처지를 다른 형제들과 같아야 한다고 주장할 수는 없을 것이다. 이것이 인생의 법칙이다. '사회적 약자'의 법칙이 적용될 여지가 없는 것이다.

그러나 국가와 학교는 성적지진아들을 방치하거나 포기할 수는 없다. 전체 국가 인구 중에서 아무래도 서민층의 인구가 많은 까닭에 이 중에서 사회가 갈망하는 숨은 인재들이 발굴될 수 있다. 따라서 국가는 서민층에서 숨은 인재를 발굴하는 작업을 소홀히해서는 안 된다. 마치 사금장에서 떠내려가는 사금 알을 찾아내듯 귀중한 인재들을 서민층 아이들 속에서 찾아내야 한다.

우리나라의 특목고는 그동안의 평준화시책에도 잘 견뎌낸 귀중한 학교들이다. 특목고벨트가 생겨서 아파트 값이 오르니 하면서 말들이 많지만, 그 현상은 특목고 공급이 수요를 못 따라가서 생기는 일이다. 원어로 강의한다는 국제중학교도 공급이 절대 부족하다. 그리고 사립초등학교도 외딴 섬에 방치한 간이학교처럼 정규학제와의 연계가 부족할 뿐더러 그 공급도 터무니없이 부족하다.

따라서 앞으로 우리 정부가 할 일은 지도자양성의 길을 걷는 엄격한 학습계제(코스 B)와 중견지도자의 길을 택하는 학습계제(코스 A)를 분리수용, 발전시켜야 할 것이다. 그러자면 코스 B의 효율적인 발전을 위해서 특목고, 국제중학교, 자립형 사립초등학교(가칭) 등의 공급을 대대적으로 늘려야 한다. 그렇게 되면 재학생들은 학교공부에 전념해야 하고 교사들도 학생학습지도에 가일층 노력해야 하는 까닭에 외부학원에 드나들 여유가 없을 것이다. 교사들의 책임지도가 학생들의 학원출입을 억제하는 역할을 할 것이다. 교사들이 외국 명문학교의 본을 따라 분발하면 학생들의 학원의존도는 급속히 감소될 것이다.

코스 A의 학습지도에 관한 청사진도 달라져야 할 것이며, 초중학교에서 지진아 딱지가 붙는 아동들은 국가비용으로 특수 학습지도를 위해 보습·입시학원에 특별지도를 위임해 보는 것이 큰 효과를 얻을 수 있는 방법이 될 것이다. 현존하는 영재학교는 특목고 등 코스 B의 학교들이 확장되면 그 기능이 중복되는 사례가 될 것이므로 이것은 인구 폭이 두터운 소외계층에서 발굴되는 영재들을 기르는 데 공헌하는 특수문화학교로 개칭하는 수가 있을 것이다. 소외계층의 아동에 대해서는 특별한 문화 환경 적응교육이 필요할 것이다.

청와대 브리핑이 교육격차 문제와 연결시켜서 미국 부시 행정부의 NCLB(No Child Left Behind) 정책을 언급한 것은 우리나라에서도 받아들일 수 있는 너무나 반가운 생각이다. 청와대에서 그 정도의 개방성을 보인다면 우리나라 교육의 장래도 그리 비관적이라고는 말할 수 없다는 생각이 든다. 아무쪼록 정부가 '없는 집' 아이들만이 아니라 '있는 집' 아이들까지도 보살펴 주는 교육 이념적 변화가 일어났으면 좋겠다.

2. 학교차의 문제

학교차라고 하면 생각나는 두 가지 이야기가 있다. 미국에서 있었던 일인데 하나는 수학경연대회와 관련된 학교 간의 격차에 관한 이야기이며, 또 하나는 흑인학생과 백인학생들 간의 성적 차이에 관한 이야기다.

수학경연대회 관련 이야기는 필자가 재직했던 미국 중부 테네시 주립대학의 수학교수에게 직접 들은 것이다. 그 주의 수학교수협의회가 매년 고교학생들을 상대로 수학경연대회를 여는데 1971년에는 각 고등학교에서 4명씩, 2백 명 가량의 참가자들이 대수시험에 응시했다. 140점 만점에 125점을 받은 학생이 우승을 했다. 차점은 96점이었고 마이너스 점수를 받은 학생도 3명이나 있었다. 마이너스 점수는 정답 점수에서 오답점수를 뺀 결과였다. 그런데 각 학교에서 대표로 뽑힌 학생들은 모두 그들 학교에서 성적 A를 받는 학생들일 텐데 어떻게 그렇게 성적이 차이가 나는지 필자는 이해하기가 어려웠다.

미국 고등학교에서 이렇게 성적차가 나는 데 대해서 필자로서는 참으로 형용할 수 없을 정도의 놀라움으로 큰 충격을 받았다. 그러나 이 사실에 대해 이야기할 상대를 찾을 수가 없었다. 이 문제에 대해 말을 걸어도 대응하는 교수들이 없었는데 어떤 사회학 교수가 하는 말이 "그래서 미국에는 표준화 검사가 생겼다"라는 것이었다.

표준화 검사는 표준이나 기준을 가지고 시험을 치른다는 말이다. 표준이 된다는 것은 어떤 문제이건 똑같은 내용을 가진 시험문제면 된다. 그래서 어떤 주 또는 나라 전체의 고등학교 학생들이 그 시험을 치르면 시험을 치른 학생들끼리 점수 비교가 가능하다. 미국에서 이러한 표준화 검사가 필요한 때는 대학입학전형 때이다.

각 고등학교에서 보낸 지원학생들의 교과성적을 보면 모두가 훌륭한 학생으로 보일 것이나 표준화 검사 성적인 대학입학수능시험의 점수를 보면 그 학생을 다른 지원자와 비교하기가 매우 쉬워진다. 앞에서 소개한 수학경연대회에서 나타난 성적이 좋은 예가 된다. 각 학교에서 수학을 제일 잘 한다는 학생들이 모여서 치른 수학시험의 성적은 각 참가고교의 수준과 위치를 알려준다. 그러므로 참가고교의 교장들은 자기 학교 대표학생이 받은 성적을 보고 자기 학교 수학교육의 현주소를 다시 한번 평가할 기회를 갖는 것이다. 그래서 각 주 단위의 수학경연대회는 그 주의 고교수학 교육이 어느 정도 수준인가를 짐작하게 하며, 개별학교는 학교대로 수학교육을 재평가하는 기회를 갖게 되는 것이다.

필자가 미국에 체류하는 동안 그들이 학교 간의 격차를 염려하고 세미나를 열거나 대책을 논의하는 일을 자주 보지 못했다. 성적에 있어서 개인차가 있고 학교차가 있다는 것을 인정하고, 그 문제를 어떻게 해야 할 것인가의 해결은 각 학교와 교사, 학생들 각자가 알아서 할 일이라고 생각하는 것 같다. 그저 대범하게 생각하고 행동해서 교사 자신들이 맡은 바 자기 책무를 완수한다는 자율적 분위기였다.

학교차를 문제시하는 사람은 특별한 교육이념을 가진 경우다. '가진 자'와 '못 가진 자' 간의 수입이나 학교성적을 문제시하는 분위기가 아닌 까닭에 평등을 외쳐대는 대모대도 평범한 미국 작은 도시에서는 보기 드문 광경에 속한다. 물론 흑백문제에 있어서는 양진영의 긴장관계가 암암리에 진행되지만 학교성적이 흑백문제로 확대되는 경우는 없다고 해도 과언이 아니다. 흑백 간의 불평등은 학교성적이 아니고도

드러나는 곳이 많다

두 번째 이야기는 흑인학생과 백인학생 간의 성적 차이 문제다. 필자 자신이 그때 주립대학에서 흑백관계란 과목을 강의하고 있었고, 당시 고등학생이었던 필자의 딸과 아들이 관련된 일이어서 그 문제를 자세히 관찰할 수 있었다. 이것도 1971년경의 일이었다.

미국에서 흑백 인종차별은 매우 심각한 문제다. 어느 날 내쉬빌 Nashville 시내 낡은 교사에서 공부하는 흑인학생의 반수와 시외 백인촌의 새 건물에서 안락하게 공부하는 백인학생 반수가 서로 학교를 바꿔서 공부하게 되었다. 학생들을 버스에 태워서 그들이 사는 동네에서 지정된 학교까지 매일 통학을 시키는 것으로, 미국전역 공립학교 대상의 이 사건을 버싱(버스통학, Busing)이라고들 표현했다.

버싱Busing에 대해 필자는, 미국정부가 흑인의 교육문제를 해결하기 위해 내놓은 교육정책이라기보다 미국 백인이 200년 동안 흑인에게 저지른 죄에 대한 죄책감을 해소하기 위한 특단의 문화적 사죄의식이라고 생각한다.

1955년 경 헤비거스트 교수는 흑인문제에서 미국이 반성하고 시정할 문제가 많지만 무엇인가 특단의 조치가 취해지지가 않으면 안 될 것이라는 이야기를 했다. 그 말을 들은 지 16년쯤 경과해서 미국으로서는 참으로 역사에 남을 만한 사건이 벌어진 것이었다.

미국은 버싱을 결행하는 문제를 오랫동안 연구하고 대비한 것 같았다. 그러나 백인들은 버싱에 대해서 애당초부터 대단히 부정적이었고 흑인들도 기대한 것만큼의 학습효과를 얻지 못했다. 흑인과 백인 학생들을 같은 교실에 수용해서 가르치면 바람직한 학습효과가 있을 것이라 생각했지만 오히려 흑인학생들에게 학습의 열등감을 갖게 했다. 흑인학생들이 학습 진도를 제대로 따라오지 못해서 다시 우열반을 만들어 흑백 학생들을 분리 수용하게 되었으니 흑백교육의 통합은 없었던 일로 해야 했다. 물론 백인으로서는 흑인들을 위해 할 만큼의 일은 해 준 결과가 되었다.

우리 가족은 버싱으로 인해 매우 귀중한 경험을 하게 되었다. 흑인학교에서 공부하게 된 백인학생들은 사기가 저하되었고 하루하루를 마치 형무소에서 생활하는 것 같다고 해서 학부모들이 고개를 흔드는 형편이 되었다. 한 달쯤 되던 날에 흑인학교로 통학하던 우리 아들이 다른 백인학생들이 하나둘 사립학교로 전학을 가는데 우리는 그렇게 할 수 없는 거냐고 불평을 했다.

딸은 백인학교에서 흑인학생들과 공부하고 있었지만 그곳도 사정은 마찬가지였다. 흑인학생들과 같은 반에서 일 주일쯤 지내다가 우열반을 나누게 되었는데 백인은 백인끼리, 흑인은 흑인끼리 반편성이 이루어진 것이다. 그리고 이곳 백인학생 학부모들도 아이들을 사립학교로 전학시키기 시작했다. 그래서 결국은 우리 두 아이들도 팔자에 없는 비싼 사립고등학교로 전학을 하게 되었다. 전학을 간 아이들은 좋아서 서로 얼싸안고 춤을 추는 판이었다. 여기서 얻어진 교훈은 교육이란 급조되는 것이 아니라 작은 벽돌을 한 장씩 차근차근 쌓아올리듯 진행해야 한다는 사실이었다.

버싱 이후 미국 각지에서는 워싱턴에서 통과된 흑인들에 대한 고용과 인권법에 의해 많은 변화가 일어나기 시작했다. 주립대학에서도 흑인교수를 채용하지 않으면 연방정부에서 예산집행에 불이익을 받게 된다는 이유로 흑인교수가 신규 채용되는 변화가 시작됐다. 그렇게 변화는 계속되어 백인과 흑인의 결혼을 막는 법률이 폐지되었고, 이라크

주둔 최고사령관에 흑인이 발탁되는 '이변'이 일어나기도 했다.

미국에서는 흑인학생도 하버드대학 같은 명문대학교에 특별입학을 한다. 우리 아이 둘이 전학한 사립고등학교에서 알게 된 흑인학생 한 명이 여러 우수한 백인학생들을 물리치고 하버드대학에서 당당히 입학허가를 받았다. 흑인학생 본인도 흑인쿼터 덕분에 자기가 행운아가 되었다는 이야기를 했다. 그러나 흑인쿼터제가 있다 해도 하버드대학에서 터무니없는 무자격자에게 입학을 허용한다고는 아무도 믿지 않을 것이다. 하버드대학으로서는 일정 비율의 흑인학생을 받아들여 미래의 흑인지도자가 될 인재를 교육하려는 목적이 있는 까닭이다.

그러면 우리나라에서는 학교차에 대해 어떤 생각을 갖고 있는가. 첫째, 우리의 문화적 분위기는 개인이든 학교든(특히 대학 수준에서) 학교차를 순위로 나타내서 자기 자신의 낮은 위치가 일반에게 알려지는 것을 매우 싫어한다는 것이고, 둘째는 교육에서 나타나는 사회계급 간의 차(사회계급 간의 학업성적의 차)를 사회악으로 규정하고, 이를 정치적 이슈로까지 부각시켜 사회개조를 주장하는 경향이 있다는 것이다. 후자의 경우는 개인이나 집단의 격을 비하하듯 서열화하는 것을 싫어하는 우리의 정서를 정치적으로 악용하는 경우라고도 말할 수 있다.

아직도 우리나라에는 교육평준화가 좋다고 이에 찬성하는 사람들이 각처에서 주민의 반수가 넘는다는 통계가 있다. 교육평등은 좋고 학교차는 있어서 안 되는 것으로 알고 있다. 그런데 국가 전체의 이익을 생각하고 또는 평준화가 싫다고 생각하는 사람들의 의견을 받아들여서 모든 국민들의 의견을 공평하게 처리하겠다는 국회의원이라든가 정부 일꾼들은 안 보이는 것 같다. 무턱대고 '서민'들은 위하는 교육평등주의가 옳다는 생각만 하는 것 같다. 평등주의는 항상 옳다고 여기고, 경쟁을 부추겨서 좋은 성적을 얻기 위해 큰돈을 들여 자녀들을 학원에 보낼 수 있는 사람들을 질시하는 풍조는 여간해서 없어질 것 같지 않다.

미국에서는 공립과 사립을 영리하게 이용할 수 있는 두 개의 학제를 정부가 아이들과 부모의 의향에 따라 보호, 육성하고 있다. 쉽게 말하면 '있는 집' 아이들은 사립학교를 택하고 '없는 집' 아이들은 공립을 택한다는 말이 나올 정도로 학생진로를 두 갈래로 구분하고 있다. (그러나 가톨릭계통의 어떤 학교들은 '없는 집' 아이들을 전적으로 수용하고 있는 까닭에 앞에서 한 획일적인 표현은 정확한 것이 아니다.) 우리의 경우는 등록금이 비싼 학교를 인가할 경우 '없는 집' 아이들은 이런 학교에 다닐 엄두도 못 내게 되므로 위화감을 조성한다는 이유로 정부는 이런 학교를 인가해 주지 않는다.

우리나라도 미국의 공사립 같은 이중구조가 설치되어 '있는 집' 아이들이 돈 많은 부모 덕택으로 비싼 학교에 다니고 싶으면 다닐 수 있게 되면 문제가 없겠는데. '있는 집' 아이건 '없는 집' 아이건 이런 선택의 여지가 없는 까닭에 한국 학교가 싫으면 외국으로 가야 될 판이고 그래서 '기러기 아빠'는 자꾸 생겨난다. 있는 집 아이들이 다니는 학교에 없는 집 아이들이 다닐 수 있게 하기 위해서 장학금을 준비하는 것이 통례로 되어 있는 것이 미국이다.

80%에 해당하는 서민을 위한 교육시설이 필요하다고 해서 서민이 아닌 20%에 해당하는 국민의 자녀들을 제도적으로 보장하지 않는다면 이것은 '있는 집' 아이들에게 교육기회의 평등을 보장하는 것이 아닐 것이다.

우리나라는 사립학교들이 준공립학교가 되어버려서 처음에 원했던 독립성이 유지되지 않았다. 그러나 요사이 거론되는 자립형 사립학교들은 사정이 다르게 출발하는 탓에 미국과 같은 사학의 위치가 보장되었으면 좋겠다는 바람이다. 필자는 그것에 희망을 걸고 있다. 한국의 교육문제가 병목현상과 같아서 이 병목현상이 미국식의 사학학제가 한국에 도입되어 해결이 되기를 바라마지 않는다. 그러나 색다른 교육이념에 도취되어 있는 사람들이 세력을 잡고 있는 한 이것은 비관적일 수밖에 도리가 없다. 그러나 언젠가는 제대로 된 교육이념이 복구될 것이므로 희망은 놓지 않는다.

그런데 여기 학교차에 관련된 문제를 공립과 사립학교의 이중구조에 관련지어 이야기하는 가운데서 파생되어 나온 문제가 있다. 그것은 또 다른 암시장과 같은 존재로서 입시학원이란 괴물이다. 교육의 암시장 같은 입시학원이 지금은 학교교육을 보충한다는 역할과 구실을 초월하여 학교교육을 좀먹고 있는 것이다.

원래 우리나라에서는 입시경쟁이 심화된 까닭에 초등학교에서 중학교로 올라갈 때 입학시험을 치렀는데 어느 날 갑자기 어떤 정부 권력자에 의해 이것의 폐지결정이 내려졌다. 그렇지만 입시지옥이란 용어는 대학입시준비를 해야 하는 학생들에게 과외공부란 용어로 대치가 되었다. 그래서 과외선생을 개별적으로 고용하는 여유 있는 집안이 있다는 것이 사회문제가 되다 보니 과외공부와 과외선생고용이 불법행위가 되어 이를 위배한 정부고위 공무원이나 서울대 총장이 강제로 면직되는 일까지 생겼다.

1980년 7월 30일 과외금지조치로 과외가 강력히 단속되다가 1980년대 말에는 과외금지조치가 해제되었다. 즉 1989년에 대학생 과외를 전면 허용했고 재학생에게는 방학 중에 한해서 학원수강을 허용했다. 그러다가 1995년에는 학원 설립과 운용이 용이하게 되는 바람에 학원 수와 학원학생수가 증가하기 시작했다.

사교육비란 정식학교가 아닌 학원에 내는 개인부담의 비용을 가리키는 말인데 2003년 한국교육개발원이 발표한 〈사교육 실태 및 사교육비 규모 분석 연구〉보고서에 의하면 '과외 사교육비 총량 규모'가 1977년에 3,077억 원, 1990년에 3,779억 원, 그리고 2001년에 9조 923억 원으로 크게 증가했다.[8]

같은 보고서는 학교 급별 학생수에 대해서 1990년에는 중학교 학생의 31%, 일반계 고등학교 학생의 12.6%가 과외 사교육을 받고 있는 것으로 되어 있다. 그러다가 1997년에는 초등학교 학생의 81.2% 그리고 중학교 학생의 55.3%가 사교육을 받고 있었다. 2001년에는 초등학교 학생이 70.7%, 중학교 학생이 59.5% 그리고 고등학교 학생이 35.6%였다. 무엇보다도 초등학교 학생들의 학원 출입이 대성황이었다. 초등학교 학생들의 뒤에는 언제나 엄마들의 활동이 눈부시게 빛나고, 가정의 수입이 증가할수록 사교육비 지출도 상승한다는 것이 특징이다.[9]

3. 싫든 좋든 학교차는 존재한다

우리나라는 학교차를 방지하기 위해서 대학입시 수능시험의 난이도를 조정해서 문제를 쉽게 출제한다. 이것은 문제를 어렵게 출제하면 서민과 소외계층의 아이들이 있는 집 아이들과 경쟁해 나가기가 어렵게 된다는 생각에서 교육부소속의 수능시험관리위원회에 지시해서 취해지는 일이다. 수능시험문제가 어려워지면 부모들의 사교육비의 부담이 늘어나서 정부로서는 사교육비 절감을 위해 정부가 할 수 있는 일을 하는 것이라 말하니 "지나가는 소가 웃을 노릇이다."

정부가 '권장'하는 대학입시요강에는 수능시험성적과 내신성적 등 입시지원 학생들이 출신고교를 통해 제출하게 되어 있다. 그리고 각 대학은 면접과 논술시험을 과하게 되어 있다. 면접과 논술고사의 성적도 수량화되어 종합성적에 포함된다. 대학측은 수능성적, 내신성적, 면접성적 등 모든 것의 변별력이 약하다 생각하기 때문에 정부가 금지한 본고사 대신 논술고사를 유일한 변별력 고사로 이용하려 한다. 그래서 이 문제로 정부와 대학 간에 '팔씨름' 같은 소규모 힘겨루기가 매년 전개된다. 그러나 승자는 늘 교육부측이다. 교육부는 늘 누군가가 뒷전에서 장관의 팔을 비트는 사회세력에 못 견디어 진작 해야 할 일을 못하는 것 같다고 말한다.

대학측은 뚜렷한 변별력을 가진 입학전형 자료를 갖기 원하지만 지원학생과 고교측이 제출하는 자료 중에는 그런 것이 없어서 대학측은 우수한 입학생을 뽑으려 해도 뽑지 못한다는 불평을 하고 있다. 그래서 한번은 몇몇 대학이 묘안을 짜내서 고교등급표를 만들어서 고교측이 제출한 내신 성적을 수정 평가하는 방법을 고안해 냈다. 고교등급을 매겨서 그 등급에 따라 각 고교 내신성적을 재평가하는 것이었다. 그러나 이렇게 한 대학 총장들은 결국 교육부의 견책대상자가 되었다. 한국에서나 있어날 수 있는 넌센스다.

우수한 입학생을 뽑겠다는데 이것을 못하게 막는 나라가 이 세상에 또 어디 있겠는가? 소외계층의 학생과 농어촌출신 학생들을 특별 우대하여 입학시키라고 교육부가 국립서울대에 압력을 넣는 것까지는 이해할 수 있다 하더라도 입학시험문제(수능 표준화 검사)를 쉽게 내라고 하거나 고교등급에 따라 학생내신 성적을 재평가하여 우수학생을 뽑으려 하는 것을 말리는 나라가 어디 있단 말인가?

이것이 대학들이 우수학생 모집에 경쟁하는 꼴을 못 보겠다는 교육(인적자원)부의 방침이라는 사실은 참으로 믿기지 않는 일이다. 그러나 이 사실이 사실이라면 두 가지 해석이 가능하다. 첫째, 우리 교육부가 어떤 적성세력에 점령당했거나 둘째, 우리 교육부가 국제적 경쟁력을 가진 교육 사업을 중단하고 교육부라는 간판을 내렸을 가능성이다.

그러나 이런 두 가지 가능성은 망상에 지나지 않는다. 무엇보다도 우리나라 군대와 한미동맹이 살아있는데 유독 교육부만 적성국가나 그 세력에 점령당할 리가 없고, 대한민국 정부가 교육부 없이 존재하고 있을 수는 없다. 국민이 선출한 대통령이 탄핵을 당해 대한민국 대통령이 궐석이 된 것도 아닌데 교육부가 없어질 이유가 없다. 대통령이 임명한 각부 장관들이 모두 건재한데 교육부장관만 없어질 리가 없다. 그리고 무엇보다도 확실한 것은 두 가지 사실 중 한 가지라도 사실이라면 조중동 신문에도 보도가 되었을 것이다. 그러니 그 두 가지 가능성은 없는 것이다.

그렇다면 우리나라 교육은 도대체 어떻게 돌아가고 있는 것인가? 학교차를 인정하지 않는 나라라면 우리나라의 모든 각급 학교들의 교육 수준이 도시와 농촌 간의 격차 없이 골고루 유지되어 평등교육이 이루어진 이상적인 나라가 되었다는 말인가? 그리고 우리나라의 대학들이 미국이나 영국 그 어느 나라 대학에도 뒤지지 않는 수준의 대학으로 인정받게 되었다는 말인가?

학교차로 말하면 우리나라와 미국 간에 나타난 학교차야말로 정신 차리고 보아야 할 것이다. 우리나라가 미국이나 다른 외국 대학들과 비교해서 너무나 낙후되어 있는 상황이라는 것을 인정하면 우리는 자야 할 잠도 자지 말고 노력해서 외국대학 수준으로 우리 대학들을 끌어올려야 할 상황이다. 그럼에도 불구하고 우리 대학들의 발목을 잡고 앞길을 막은 채 대학조차 평준화교육을 시행하라는 말인가. 중고등학교들의 평준화교육에도 만족하지 말고 대학에까지 평준화교육을 시행하라면 우리나라 대학교육은 언제 선진국 대학들을 따라잡으라는 말인지 알 수가 없다.

미국의 시카고대학만 하더라도 역사는 비록 117년밖에 안 되지만 그동안 79명의 노벨상 수상자를 배출했다. 물리학에 27명, 경제학에 23명, 화학에 15명, 생리학과 의학에 11명 그리고 문학에 3명이란 업적을 과시한다. 경제학에서는 지금 재직 교수 중에서 5명이 노벨상 수상자다. 히로시마에 투하된 미국의 원자탄이 시카고대학 운동장 관람석 밑에 설치된 물리학연구실에서 탄생되었다는 사실로서도 시카고대학은 유명하다. 이 대학의 2005-2006년도 예산이 22억불이나 된다. 이 대학의 모토는 '지식이 더 많이 성장하게 해서 인류생활을 풍요롭게 하라'는 것이다.

세상에는 시카고대학 같은 대학이 수없이 많다. 그런데도 우리나라 대학들은 학생모집에서부터 문제가 있어 우수한 학생들을 자유롭게 뽑지도 못하고 있다. '못 가진 학생'들을 배려하는 데 너무 신경을 쓰는 바람에 발목이 잡혀 갈 길을 못 가고 있는 형편이다. 특히 대한민국의 간판대학이라고 할 수 있는 국립서울대학교가 그렇다. 늠름하게 자랄 수 있는 멋진 소나무에 비료를 제대로 주지 않아 나무가 말라 비틀어져 가는 형상이다.

우리나라 대학들을 제대로 살리고 키우자면 무엇보다도 국민 다수가 학교차와 같은 헛된 문제에 사로잡히지 말고 과감히 대학의 진로를 바로잡아 주도록 강한 여론을 일으켜야 할 것이다. 그리고 사교육비로 사용하는 막대한 돈을 생각하면, 학교등록금이 아무리 비싸다 해도 우리나라 학부모들은 기꺼이 비싼 학교에 보내 자녀들이 보다 훌륭한 교육을 받도록 투자할 각오가 있는 것으로 생각된다. 그런데 왜 우리나라에서는 '사촌이 땅을 사면 배가 아프다'는 속담처럼 자기 돈으로 자기 자녀를 좋은 학교에 보내는 것에 그토록 거부감을 보이고 금기사항으로까지 만드는지 모르겠다.

이러한 경향을 어떤 부류의 정치인들이 충동하여 만드는 것인지 아니면 자신이 '못 가진 사람'이라 생각하는 사람들이 개별적으로 나서서 그런 정서를 만드는 것인지 그건 알 수 없다. 필자 생각으로는 어떤 의식화된 사람들이 특별한 정치이념 하에 계급의식을 고취하여 허망된 사회개조를 꿈꾸는 것이 아닌가 한다. 그러나 사회개혁 또는 문화혁명은 선동이 아닌 자성적 지성에서 이루어지지 않는 이상 오래 가지는 못할 것이다.

모든 물체는 눈으로 보고 그것이 실제 현실로 존재한다는 것을 확인할 수 있는 것인데, 학교성적의 개인차와 학교차를 안 보이는 것이라고 우겨대면 일단은 '안 보이는 것'이라고 믿을 것이다. 그러나 사람들은 곧 그것이 진실이 아님을 알게 된다. 없다고 말해서 없는 것이 아니라는 것을 깨닫는 바로 그때 진실된 개혁이 일어난다. 교육은 말장난을 가르치는 것이 아니라 사실을 사실대로 정확히 식별하는 지성을 가르친다. 교육은 교육이고 정치는 정치다. 교육을 정치라고 가르치면 후회할 것이다.

4. 교사들은 학습지도안부터 쓸 줄 알아야 한다

정신분석학의 선구자 지그문트 프로이드Sigmund Freud 박사는 '오이디푸스 컴플렉스Oedipus conflict'라는 심리적 갈등에 대해 자기를 낳아준 아버지에 대한 존경과 증오의 상반된 감정이 어떻게 발생하게 되었는지를 설명하는 학설로 의학과 심리학계에 일대 선풍을 일으켰다. 이와 관련해서 명문고와 일류대학을 지향하면서도 질시하는 일반 국민들의 상반된 정서를 생각할 수 있고, 고교평준화를 실시할 당시 군사정부를 이끌던 대통령의 심리적 갈등이 교육에 미친 영향을 생각해 볼 수 있다.

박정희 대통령에 대해 우리 머리에서 떠나지 않는 생각은 그분이 한밤중에 총칼을 앞세우고 한강다리를 건너와 정권을 탈취했다는 양심의 가책 때문에 국민에게 무엇인가 좋은 일을 해야겠다는 생각에 사로잡혀 명문 경기중학교를 폐쇄했고, 입시 때문에 어린 학생들의 심리적 부담이 크다는 생각으로 중학교 입학시험을 없애고 또 고교평준화시책에 대한 각별한 관심을 가졌던 것으로 생각한다.

그러나 그분이 미처 생각하지 못한 것은, 교육제도는 평준화와 수월성秀越性 교육이 제도적으로 정착이 되어야 한다는 교육제도의 양면성을 고려하지 못한 점이라 생각한다. 그분이 일제 때 수재들만 골라서 교육시킨 사범학교를 나와서 교육에 관해서는 "나도 아는 것이 좀 있다"라는 자부심이 있었다고 생각은 하지만, 결정적 실책은 명문중학과 일류대학에 대한 그분 나름대로의 복합적인 감정 때문에 우리나라의 수월성 교육이 수난기를 맞이했다는 생각을 필자는 떨쳐버릴 수가 없다. 대통령이 "공부만 잘하면 없는 집 아이들도 좋은 학교에 들어갈 수 있다"는 말만 했더라면 좋았을 텐데 하는 것이 필자의 생각이다.

만일 박정희 대통령이 경기중학교를 없애지 않고 명문고등학교를 기간으로 하는 수월성 교육의 진로를 체계적으로 허용하고 후원하는 이른바 양면교육조직(또는 복선형학제)을 구축했더라면 우리나라는 오늘날 학교 붕괴와 같은 문제는 피해 갈 수가 있었을 것으로 생각한다. 박대통령의 지도력과 국민 설득의 열정을 가지고 미래지향적인 균형 있는 학제를 실현시켰더라면 하는 아쉬움을 떨쳐버릴 수가 없다.

한국의 평준화교육에 대해 알아보려고 인터넷에서 찾았더니 다음과 같은 글이 나왔다. 정부의 공식적인 발표문은 아니지만 대체로 맞는 말이 적혀 있어 이를 다음에 옮겨 본다.

'고교평준화 제도는 1974년부터 도입된 제도로, 암기식, 주입식 입시위주 교육의 폐단을 개선하고, 고등학교 간 학력차를 줄이는 한편, 대도시에 집중되는 일류고등학교 현상의 폐단을 없앨 목적으로 도입되었다. 비평준화로 인한 중학생들의 과중한 학습 부담, 명문고등학교로 집중되는 입시경쟁의 과열과 그로 인한 중학생들의 부담감, 인구의 도시집중 등을 막기 위해 도입된 제도이다.'

이 글에 나온 목적을 다시 정리하면, 1) 암기식, 주입식 입시위주 교육의 폐단을 개선하는 것, 2) 고등학교 간의 학력차를 줄이는 것, 3) 대도시에 집중되는 일류고등학교 현상의 폐단을 없애는 것으로 되어 있다. 1)과 2)는 분명 학습방법에 관한 문제이고 3)은 도시 인구집중을 막기 위한 방책으로 고교평준화가 실시되었다는 이야기다.

주거의 자유와 이동의 자유가 보장되는 자유 민주국가에서 3)과 같은 시책이 애당초 시행되었다는 것이 의심스럽고 일류고등학교를 대도시에서 몰아내자는 발상은 참으로 비정상적인 발상의 극치라고 할 것이다. 대학 수준에서도 남북 간의 군사적 긴장관계를 감안해서 그런 발상이 있었던 것은 사실이나 결과적으로 서울 시내 대학들은 그때를 이용해서 서울 근교에 대학분교를 설치하여 학생모집으로 수입을 늘리는 호기를 맞았을 뿐이다.

그리고 무엇보다도 명문고등학교가 대도시에 자리 잡고 있다는 것 자체를 못마땅하게 생각하는 사람들이 있다는 것이 우려되는 점이다. 명문고등학교를 자랑으로 여기는 것이 아니라 뭔가 불리하고 불편한 존재로 여기는 듯한 언어적 뉘앙스에 불쾌감을 감출 수가 없다. 고교평준화를 추진하는 속셈이 일류고등학교를 사회에서 없애는 목적이라는 불순한 이유이기에 고교평준화 시책이 단순한 교육의 문제가 아니라 뿌리 깊은 어떤 정치적 이념이 작용하고 있다는 것을 느낀다.

고교평준화를 결행하는 목적이 1)과 2)에 있다는 것은 명백한 사실이다. 그리고 고등학교 간의 학교차를 '줄이자'는 저의와 암기식, 주입식 입시교육의 폐단을 '개선'하자는 목적이 명백하다는 것도 사실이다. 그러나 여기서 문제가 되는 것은 학교 간의 격차를 줄이고 암기식, 주입식 위주의 교육폐단을 줄일 수 있는 방책이 반드시 평준화시책이냐 하는 점이다.

여기서 평준화라고 하는 개념은 격차가 없는 '평등'을 의미하는 것 같은데, '평등'이라는 말은 현실에서 실현될 수 없는 '이상적 경지'를 의미한다. 그러므로 학생 개개인과 학교가 모두 평등한 자질을 갖게 되어 학력 격차가 없어진다는 말은 성립이 안 되는 것이다.

다만 전통적 학습방법을 개선하여 어떤 교육적 효과를 발휘한다면 그것은 종전과 같은 개인차와 학교차가 있음에도 불구하고 개인적 또는 집단적으로 평균성적이 높아진다는 것을 의미할 뿐이라는 사실을 시인할 따름이다. 다시 말해서 학교간의 격차를 '줄인다'는 표현은 정확한 표현이고 개인의 성적평균이 향상되는 것은 사실이나 모든 학생들의 성적이 다 같아진다는 말은 아닐 것이다. 이것을 인정한다면 학습방법을 개선하는 덕택으로 교육의 질이 향상된다는 말은 할 수 있어도 이것이 평준화되는 것이라고 말할 수는 없다. 평준화가 아니라 향상되었다는 말이 된다.

따라서 평준화라는 용어는 고교평준화가 입시과열을 막고 중학생들의 과중한 학습 부담을 덜어준다는 '목적'이라는 점에서 실현 불가능한 목표를 학생들과 학부모들에게 제시했다는 비난을 받아 마땅하다. 어떻게 입시과열을 막고 과중한 학습 부담감을 덜어준다는 자신감을 함부로 드러낼 수 있는가?

불행히도 암기식-주입식 교육전통은 존 듀이박사가 19세기 초에 '새 교육'을 주창한 지 100년이 되었어도 아직 우리나라에서는 개선이 안 된 상태에 머물러 있다. 이런 후진성이 퇴치가 안 된 우리나라 현실에서 입시제도가 바뀐다고 입시경쟁의 중압감을 퇴치할 수 있겠는지 그 점을 반문하고 싶다. 학습방법이 전통적인 암기식 또는 주입식을 벗어나지 못하는 상태에서는 시험공부 자체가 후진성을 벗어나지 못한다.

결과적으로 분명한 것은 평준화시책이 사회계급 간의 격차를 해소하거나 줄이지 못했다는 점이다. 그리고 입시경쟁으로 인한 부담감도 없애지 못했다. 입시부담감은 오히려 학생들을 학원으로 내몰았고 그로 인해 공교육자체가 붕괴되고 학부모의 사교육비 부담만 늘어났다. 교육평준화지역에서는 중학교에서 고등학교로 진급할 때 경쟁시험이 아닌 내신 성적만을 진학전형 자료로 사용하였다지만 모든 일이 정부가 기대했던 대로 움직여 주지 않았다.

그것도 그럴 것이 평준화지역에서 공부한 학생들이 전부 평준화지역에 있는 고등학교에만 진학지망을 한 것이 아니라 시험을 통해서 입학하는 일반고교 또는 명문고교로 진학할 계획이 있었던 까닭에 입시준비를 철저히 해야 했다. 게다가 그들은 자기가 다니던 평준화지역의 중학교 학습수준이 마음에 흡족하지 않고 불안해서 학원을 찾는 것이라 했다.

「영재는 이렇게 만들어진다」는 책의 저자는 유난히 학습방법에 관심을 보이면서 공교육이 위기에 처해 있는 상황을 다음과 같이 설명하고 있다.

"전교조와 참여정부가 주장한 평등교육과 평준화교육의 성적표라고 할 수 있는 통계가 나왔다. 첫째, 학원공화국을 만들었다. 특히 김대중 정부 시절인 2001년과 2002년에는 한해 평균 2,635곳씩 늘었으나 노무현 정부가 출범한 2003년부터 2005년까지 3년 동안 한해 평균 3,136곳씩 늘어난 것으로 나타났다. 현 정부가 줄곧 공교육 내실화와 사교육비 경감을 강조해 왔는데도 오히려 학원은 더 많이 생겼다. 또 2001년 말 1만3,708개였던 입시, 보습학원은 2006년 6월 2만7,724개로 늘어 지난 5년간 두 배가 됐다. 현 정부가 출범한 2003년 이후 1만1,020개의 사설 입시, 보습학원이 새로 생겨나 증가율이 66%를 기록했다. 3년간 매일 9개꼴로 학원 간판이 올라간 것이다. 초중고교 교사보다 학원 강사가 많고 학교 수보다 학원수가 많은 나라는 세계에서 한국뿐이다."[10]

저자가 인용한 통계에 의하면 학원 강사의 수는 전국에 55만천 명이지만 공교육에 종사하고 있는 교사의 수는 48만4천 명이어서 학원 강사가 7만여 명 가까이 더 많다는 것이다.[11] 그리고 학원 강사 중에는 1년에 수십억 원의 수입을 올리는 '스타강사들'도 있다는 사실도 알려줬다. 그 이유는 학원 강사가 공교육에 종사하는 교사들보다 학생과 학부모의 신임을 더 많이 얻은 까닭이다. 그러나 학습 방법 면에서 일반교사들보다 좋다는 평을 듣는 것이 과학적으로 인정을 받을 만한 것인가를 확인하는 과제는 아직 미결이다. 그러나 이 과제는 학교교사들이 나서서 학문적으로 규명해야 할 의무가 있다고 나는 생각한다. 학원 강사들의 이점이 얄팍한 상술에 입각한 단기적 공부요령에 있다면 더욱더 그 '비밀'의 정체는 벗겨져야 할 것이다. 그러나 그들의 학습 방법이 정당한 학습이론에 입각한 것이라면 누군가가 책임을 져야 할 문제인지도 모른다.

각주_____

1 「청와대 브리핑」, 제607호, 2006. 3. 16, 발행처: www.president.go.kr.

2 「청와대 브리핑」, pp.10-20.

3 1991년 서울대 생활연구소 자료(상세한 내용은 4장 2절 참조).

4 「청와대 브리핑」, pp.15-20.

5 김성인, "대입전형제도의 문제점, 분석 및 개선방안", 「교육개발」, 1-2호, 2001.

6 김경근, "한국사회 교육 격차의 실태 및 결정요인", 「교육사회학연구」, 15권 3호, 2005. 12. pp.1-27. 김경근 박사의 논문에서는 "한국사회는 본질적으로 지역간·계층간 교육 격차가 심화될 수밖에 없는 소지를 많이 가지고 있다"는 결론을 내리고 있다. "'사람의 새끼는 서울로 보내고 마소의 새끼는 시골로 보낸다'는 우리 속담의 의미를 반추해 볼 필요가 있다"고도 말한다. 그리고 "이는 한국사회에서 나타나는 교육 격차가 어느 정도까지는 완화시킬 수 있는 여지를 갖고 있지만, 기본적으로 상당히 치유하기 어려운 요소를 내포하고 있음을 시사해 준다"라고 결론을 내렸다.

[7] Eitzen, D. Stanley, 「Social Structure and Social Problems」, Boston : Allyn and Bacon, 1974. p.413.

[8] 한국교육개발원, 「사교육 실태 및 사교육비 규모 분석연구」, 서울: 한국교육개발원, 2003. p.8.

[9] 한국교육개발원, 전게서, 2003. p.11.

[10] 이계성, 「영재는 이렇게 만들어진다」. 서울: 뿌리출판사, 2007. p.311.

[11] 이계성, 전게서, 2007. p.313.

제4장

대한민국에 태어난 인연

지금 우리는 어떤 사회에서 살고 있는가? 자유민주주의 국가사회인가 아니면 북한과 같은 사회주의 국가사회인가? 지금 대한민국 사회는 이른바 남남갈등으로 국체가 뚜렷하지 않다.

　앞서 지적했듯이 교육은 그 국가사회의 성격에 따라 그 역할이 달라진다. 우리 국가사회가 자유민주주의 사회라면 이 사회구조에 맞는 교육체제와 교육활동이 전개되어야 할 것이고 우리 사회가 사회주의 국가라면 사회주의 국가에 합당한 교육체제를 갖추고 사회주의에 걸맞은 교육을 시켜야 할 것이다. 우리 사회가 자유민주주의 국가인데도 불구하고 사회주의 교육체제를 통해 사회주의에 충성을 다하는 인재를 길러낸다는 것은 모순이다.

　사회와 교육은 그 구조에 있어서나 기능에 있어서 서로 원만하게 상통하는 점이 있어야 한다. 북한과 같은 공산국가도 자기들은 민주주의 국가라고 한다. '조선인민민주공화국' – 이것이 북한의 공식 명칭이다. 미국과 대한민국은 자유민주주의 국가라고 부르는데 공산국가와 다르다는 표시로 '자유' 라는 글자가 들어가고 '자유시장경제국가' 라는 시장경제 자字가 들어간다.

　자유라는 용어는 자유경쟁을 의미하지만 '경쟁' 이라는 말은 공산주의자 앞에서는 조심스럽게 사용해야 한다. 그들이 경쟁이라는 말을 우리와 다르게 받아들이는 까닭이다. 그들의 논리에 의하면 경쟁은 갈등을 의미하며, 갈등이 있으면 반드시 지배자와 피지배자의 관계가 성립하기 때문이라는 것이다. 지배자와 피지배자 간에 갈등이 있으면 피지배자는 일치단결해서 지배자를 물리치고 패권을 장악해야만 한다. 피지배자와 지배자 간에 타협이라는 말은 없으며 언제나 정복이라는 말만 있을 뿐이다.

전교조, 민노총 그리고 한총련—이들의 사전에 타협이라는 어휘는 없다. 오직 승리만이 있을 뿐이다. 이들은 공산주의 혁명의 전위대인 것 같다. 지금 남한의 좌익인사들은 자기들이 중도파에 속한다고 사람들을 속이고 있다. 이들은 필요하다고 느낄 때 자기들이 '중도우파'라고까지 언명할 것이다. 우리는 어떤 종류의 사회에 살고 싶으며 어떤 종류의 학교교육을 전파하기를 원하는지 사회유형에 따라 알아볼 것이다.

1. 공산주의 사회에서 살아야 하는 사람들

공산주의하면 머리에 떠오르는 인물은 공산주의 이론가 칼 마르크스(Karl H. Marx, 1818-1883)[1] 이고 공산주의 독재자하면 조제프 스탈린(Joseph V. Stalin, 1879-1953)이다.

북한의 김일성과 김정일은 공산독재자인 것만은 틀림없으나 공산주의자라고 하기는 어렵다는 말을 하는 사람들이 많다. 이 두 사람은 부자 대물림으로 정권을 이양하고 이양 받았으니 공산주의자 같지는 않다는 게 중론이다. 그러나 공산주의자들은 모두가 독재자 노릇을 한다. 그런 이유로 우선은 이 두 사람도 공산주의계통의 독재자로 인정하기로 한다. 쿠바의 카스트로 또한 독재자다. 민주공화국이라는 명칭을 쓰면서 그들은 어째서 독재자가 되어야 하는가? 그들이 독재자가 될 수밖에 없는 이유를 살펴보도록 하자.

그 전에 꼭 짚고 넘어갈 일이 하나 있다. 그것은 공산주의 독재자들은 예외 없이 우리와는 전혀 다른 '사람'이라는 것이다. 생각하는 것, 행동하는 것 모두가 우리와 다르기 때문이다. 우리나라 전직대통령 한 분이 김정일을 평하면서 '믿을 만한 사람'이라고 하는 바람에 우리나라는 그 사람을 제대로 된 신사인줄로 알고 있다. 그러니까 우리 같은 보통사람들이 취직을 할 때 누가 나를 어떻게 소개해 주는가에 따라 결과가 다를 수도 있듯이, 노벨평화상까지 받은 분이 그런 말을 하셨으니 우리 국민들이 김정일을 보는 눈이 완전히 급변했다.

우리 대통령께서 그런 엄청난 찬사를 보냈으니 우리 대통령이 김정일에게 몇억 불인가 준 것이 아니라 오히려 김정일이 우리 대통령에게 준 것이 아닌가 하는 생각이 들 정도였다. 하여간 우리 대통령의 칭찬 한 마디로 한반도에 전례 없는 평화무드가 찬란한 태양빛처럼 내리쪼였다.

여기 거론된 대통령은 평상시에 자기는 '중도우파'라고 속이고 선거 후에는 좌파정부를 세우는 데 절대적인 영향력을 발휘했다. 5·16 군사혁명 때 주역을 담당했던 유력 우익인사를 설득해서 내각책임제로 개헌할 것이라 속였다. 이분이 '믿을 수 있는 사람'이라고 보증을 선 것과 다름이 없었으니 모든 일이 계획대로 잘 진행되었다. 결국은 대통령자리에 앉은 그분이 햇볕정책을 내놓는 바람에 북한의 김정일은 구사일생으로 용하게 살아남았다.

대한민국사회는 해방이 되고 세계 제12위의 경제대국으로 성장했어도 공산주의 질곡을 조금도 벗어나지 못하고 있다. 역사적으로 면밀히 살펴보면 공산주의사상은 일제강점기에 일본에 가서 대학공부를 한 우리나라 청년들의 뇌리를 파고들었다. 일본 제국주의자들은 한국인의 지배자이고 피지배자인 한국인이 결속해서 일본을 쳐 없애자는 공산주의를 마다할 이유가 없었다. 정의감과 공산주의 이상에 자기 몸을 불태울 만한 용기와 결심이 북돋아 오르면서 미래에 살맛이 느껴졌던 것이다.

과거 일제강점기에 유행하던 말 중에 이런 것이 있었다. "젊었을 때 공산주의에 기울지 않는 사람은 가슴heart이 없고, 나이를 먹어서도 공산주의에 동정하는 사람은 머리brain가 없는 사람이다."

마르크스는 못사는 사람들의 심정을 너무나 잘 알았다. 인생은 물질로 살아가는 동물이라는 믿음을 가졌으며, 돈이 인생의 동기유발에 제일가는 촉진제라고 주장했다. 한국의 교원노조원들이 선생도 노동자라고 동료교사들을 세뇌하려드는 것은 마르크스의 자본론을 읽고 스스로 무장한 까닭에 아무런 죄의식이 없는 행동이다. 교사도 노동자이므로 받은 돈만큼만 학생을 가르치면 되는 것이고, 과외로 오후반을 가르치는 것은 돈을 안 받았으므로 못 가르치겠다는 것이 이들의 근무신조다.

마르크스는 계급의식을 강조했고 계급투쟁을 금과옥조로 삼았다. 계급의식이란 지배자와 피지배자와의 관계에서 피지배자가 지배자에 대해 가지는 적대감정이다. 원래 마르크스는 말하기를 지배자는 생산수단을 점유하고 노동자를 부려먹는 주인인 까닭에 양자의 관계는 갈등의 관계이지 협력의 관계는 아니라는 것이다. 지주는 생산수단인 농토를 가지고 있고 공장주는 생산수단인 기계를 가지고 있으므로 경제적이익은 늘 지배자가 차지하게 된다. 그러므로 지배자의 횡포를 저지할 수 있는 힘은 노동자의 단결에서만 나오는 것이니 '만국의 노동자여 단결하라!'고 외쳤던 것이다.

그리하여 노동자가 단결하여 지배자를 물리치고 혁명을 일으켜서 국가State를 점령하고 노력하면 계급이 없는 사회, 즉 이상사회가 도래한다고 가르쳤다. 그러나 마르크스가 꿈꾸는 이상사회를 누가 관리하느냐의 실질적 문제에 있어서는 무계급사회를 통솔하는 공산당의 조직이 필요했다. 그리고 독재성을 띠는 지휘부, 즉 당이 없으면 쉽게 변하는 사람들의 마음을 통제할 수 없다. 그리하여 독재자는 내부에서 시종일관 일어나는 갈등을 잠재우는 역할을 한다. 독재성을 띠게 되는 것은 불가피했고 공산당의 독재를 실천에 옮기는 데 필요한 독재자가 필요했다. 따라서 공산 독재국가에서는 공산당의 존립을 유지하기 위해 항상 숙청이 필요했고, 당의 지시에 반항하는 적들을 정치수용소에 보내거나 숙청해야만 했다.

구소련의 공산당 독재자 스탈린 수상을 위시해서 과거 모든 공산당 정부의 수장들은 끊임없이 숙청제도를 활용하며 일인독재체제를 유지했다. 북한에서도 독재자 김일성, 김정일이 노동자계급의 이익을 대표한다. 노동자의 이익을 대표하는 수령이 당의 이익도 대표하는 까닭에 노동자계급에 의한 당의 독재와 수령의 독재가 정당화된다.

공산사회와 자유 민주사회에 공통된 사실은 개인과 집단은 자기에게 유리한 이익을 놓고 서로 경쟁한다는 것이다. 여기까지는 양사회가 올바르게 인간 심리의 공통점을 지적한다. 그러나 문제는 여기서부터 달라진다. 공산주의는 경쟁을 진정시키기 위해서 서로 협력하고 협동하라는 것이 아니라 '가진 자들'은 으레 자기멸망의 길을 가게 되어 있으므로 '못 가진 자들'은 서로 단결해서 사회의 기존질서를 파괴해 자본가집단을 축출하는 데 힘쓰라는 것이다.

여기서 공산주의는 '못 가진 자들'에게 최종 경구를 내놓는다. '가진 자들'에게 속지 말라는 경종의 말이다. 그것은 '가진 자들'은 기만과

억지로 자기들의 기존질서와 이익을 수호하려 하고 이익은 늘 그들에게 돌아간다는 것이다. 이 정도로 공산주의는 '못 가진 자들'을 위해 배수의 진까지 치고 있다.

북한에는 주민들의 일상생활을 규율하는 최고의 규범이라고 할 수 있는 〈당의 유일사상체계확립의 10대원칙〉이라는 것이 있다. 이것은 김일성의 62회 생일 전날 김정일이 '전당과 온 사회에 유일사상체계를 더욱 튼튼히 세우자' 라는 문헌을 통해 공포한 것이다.[2]

조선노동당의 유일사상체계확립의 10대원칙

1. 위대한 수령 김일성동지의 혁명사상으로 온 사회를 일색화하기 위하여 투쟁하여야 한다.

2. 위대한 수령 김일성동지를 충성으로 높이 우러러 모셔야 한다.

3. 위대한 수령 김일성동지의 권위를 절대화하여야 한다.

4. 위대한 수령 김일성동지의 혁명사상을 신념으로 삼고 수령님의 교시를 신조화하여야 한다.

5. 위대한 수령 김일성동지의 교시 집행에서 무조건성의 원칙을 철저히 지켜야 한다.

6. 위대한 수령 김일성동지를 중심으로 하는 전당의 사상 의지적 통일과 혁명적 단결을 강화하여야 한다.

7. 위대한 수령 김일성동지를 따라 배워 공산주의풍모와 혁명적 사업방법, 인민적 사업작풍을 소유하여야 한다.

8. 위대한 수령 김일성동지께서 안겨 주신 정치적 생명을 귀중히 간직하여 수령님의 크나큰 정치적 신임과 배려에 높은 정치적 자각과 기술로써 충성으로 보답하여야 한다.

9. 위대한 수령 김일성동지의 유일적 령도 밑에 전당, 전군이 한결같이 움직이는 강한 조직규율을 세워야 한다.

10. 위대한 수령 김일성동지께서 개척하신 혁명위업을 대를 이어 끝까지 계승하여 완성하여 가야 한다.

북한이라는 사회는 어느 면으로 보아도 이 세상에 둘도 없는 희귀한 존재다. 몇 가지 생각나는 대로 이야기해 보겠다. 유일사상 10대원칙에서도 나타나지만 세상을 떠난 어버이 수령에게 아들과 당, 군 그리고 전 국민이 충성맹세를 하는 나라는 이 세상에 또 없다. 그러고 보면 북한은 교육이 곧 정치이고, 정치가 곧 군사작전이고, 군사가 곧 경제이다. 사회제도에 분화라는 것이 없다.

행정, 사법 그리고 입법이란 분권제도 없이 당의 주석이 혼자서 모든 권한을 거머쥐고 나라를 자기 마음 내키는 대로 흔들어대는 데가 북한 말고 또 있겠는가? 말로는 기독교 교회도 있어서 종교도 '자유'라고 선전하지만 종교마저 독재자 손아귀에 들어 있다. 우리나라 통일도 자기가 마음만 먹으면 내일이라도 성취시킬 수가 있다고 공언한 사람이 바로 그 사람이다. 유치원의 어린아이들에게 '수령님의 총과 폭탄이 되라'고 가르치는 나라가 바로 그 나라다.

이런 나라에서 내란은 일어나기 불가능하다는 말을 하는 사람이 많다. 서로서로 감시하게 만들어 누구 하나 위험한 일을 하겠다고 나서는 사람이 없는 것은 사실이다. 그러나 이런 사회구조에서 일어날 수 있는 일 가운데 이런 것이 있다. 전에 북한사회에 관해 자료를 수집하고 있었는데 이런 이야기가 들려왔다.

북한의 농작물이 언제나 목표량을 초과달성한다는 것이다. 알고 보니 그렇게 초과달성하게 되는 데는 요령이 있다고 했다. 최고 지휘부에서 각 도에 생산량 100을 할당하면 각 도의 책임자가 혹시나 목표량을 달성하지 못할까 불안해서 각 군에 할당한 합계가 150이 되도록 배정한다는 것이다. 전체 도의 수가 8개면 나중에 총합계가 800이 아니라 1,200이 된다는 것이다. 그러니까 400 초과생산이 되는데 이것도 실제 현지에 나가서 점검하기 전에는 알 수 없는 일이라는 것이다. 그래서 결론적으로는 독재국가의 통계숫자에 신빙성이 없다는 게 정평이다.

전에 초창기 김일성선집에 나왔던 이야기로, 김일성 수령이 지방에 가서 퇴비사업을 현지지도하던 때, 어떤 농부의 퇴비높이가 대단히 높아서 수령이 대단한 찬사를 내렸는데 약간 의심이 나서 그 퇴비를 파보라 했더니 그 속에 돌과 나무가 잔뜩 채워져 있더라는 것이다.

요컨대 북한과 같은 공산독재국가에서 제도의 분화 또는 분업이 진행되지 않고 오히려 통합으로만 치달을 때 발생하는 역기능적 효과는 전문학자들이 주시하고 있는 사항이다. 집단농장의 부실문제와 학교교육에서 북한이 인문고를 모두 폐쇄하고 모든 중고등학교를 기술학교로 전환시킨 것은 매우 특이한 사건이라 하겠다.[3]

2. 기로에 선 대한민국

앞서 지적한 대로 마르크스의 사상은 일본에서 공부하던 한국 대학생들을 통해 일제의 압박을 받고 있는 우리나라와 민족을 구출하는 유일한 길로 정치 이념화되어 국내에 유입되었다고 생각한다. 여기에다 북한이 소련 점령군의 비호를 받아 조선민주인민공화국을 세워 공산주의 사상전파를 위한 전략적 기지가 설치된 까닭에 북한이 오늘에 이르러서는 숙명적인 화근덩어리가 되었다.[4]

남한은 이 화근덩어리를 안은 채 대한민국 헌법을 제정하여 이 나라가 대한민국이라는 사실을 전 세계에 선포했고, 그 후 6·25전쟁을 거쳐 세계 제12위의 경제대국을 이룩했다. 그러나 지금에 와서는 예상치도 않은 남남갈등으로 인해 내부로부터의 커다란 도전을 받고 신음상태에 빠져 있다. 감춰져 있던 '악의 씨'(또는 생각이 다른 사람들은 '선의 씨')가 발아發芽해서 이 땅을 보이지 않는 전쟁터로 바꿔 놓고 말았다.

따지고 보면 우리나라는 국민의 생활수준이 향상되고 각 가정의 수입도 늘어나면서 욕심과 기대가 부풀어 제 목소리를 낸다는 것이 중간에 정치중개인 역할을 하는 국회의원이나 대통령까지 가세를 하면서 지나친 평민주의, 소위 포퓰리즘Populism에 감염되었다. 설상가상으로 한국은 학생수가 일자리를 고려하지 않고 대폭 늘어난 탓에 1920년대의 독일에서와 같은 인텔리 과잉현상이 일어나 사회불안을 조성한 꼴이 되었다.

일자리 없이 과잉 배출된 대학졸업자가 되리라는 절망감은 이들로 하여금 군사정부에 대항하는 조직적 데모를 구성하게 했으며, 일부 학생들은 젊은 혈기와 이상을 앞세워 여러 생산 공장에 위장취업을 자원했고, 일부 다른 학생들은 야학교사가 되어 소외계층의 청소년들과 정의를 나누는 인간교실을 꾸며나갔다. 의식화된 학생회 간부들은 법의 제재를 받아 감옥살이를 하였으나 감옥살이는 '별'을 따는 것과 동격으로 대우를 받아 줄을 서서 기다리는 변호사 출신의 국회의원이나 출마 의사가 있는 정치지망생들로부터 무료변론을 받는 영웅이 되었다.

사학비리 혐의가 짙은 대학의 학생처장들은 감옥에 수감된 운동권 학생들을 제자라는 핑계로 위문방문을 다녔으며, 이런 학생들을 '죄인'으로 취급하는 사람이나 대학은 별로 없었다. 오히려 이런 학생들이 감옥에서 나오면 안기부에서 특별요원으로 일자리를 마련해 주었다. 그리고 어떤 현직 국회의원들은 이런 학생들을 나라 돈으로 의원 수행원이나 보좌인으로 데려다 일을 시켰다. 이때부터 사실상 우리나라는 국운이 기울어지기 시작한 것이다.

당시 운동권 학생들은 '적의 적은 우리 편이다' 라는 말까지 했는데, 이것은 북한 김정일은 남한 군사정부의 적이지만 군사정부는 학생들의 적이니까 적의 적인 북한은 우리 편이라는 말이다. 한총련의 운동권 학생들이 한 말이었지만 북의 김정일이 자기편이라고 부르는 사람과 집단은 지금 수없이 많아지고 그 정치적 세력도 막강하다.

이 세력은 15년 전부터 굳건한 터전을 잡았는데, 구체적으로 말하면 김영삼 대통령시대로부터 김대중과 노무현정부에 이르기까지 대통령 3대에 걸치는 기간이다. 그러나 엄격히 따지면 해방부터 김영삼 대통령 때까지는 좌익세력의 잠복기간 또는 세력화 준비기간이라고 할 수 있고, 김대중과 노무현시대에 와서는 세력결집시기라 할 수 있다. 이렇게 단정하는 이유는 대한민국은 해방으로부터 오늘에 이르기까지 뚜렷한 사회구조가 형성되어 있었다고 할 수 없다는 생각에서다.

그동안 왜 사회구조라고 할 만한 형태가 없었는가에 대한 이유는 조선왕조까지는 신분제도라도 있었던 까닭에 사회구조라는 개념이 사용될 수 있었지만 그 후, 즉 해방 이후로는 우리나라에 신분제도나 사회계급제도라는 것이 존립할 수 없는 상황이었다. 해방이 되자마자 지주계급은 토지계획으로 붕괴되었고, 5·16혁명 때는 부정축재를 한 인사들이 군사정부의 부름으로 감옥출입이 빈번했지만 돈이 있다고 상류계급에 군림할 수는 없는 법이다. 필자의 기준으로 사회계급은 돈만으로는 결정되는 것이 아니고 문화적 관습, 전통, 위광 그리고 사회적 합의가 있어야 비로소 주위사람들로부터 인정받게 되는 것이다.

한국 사람들은 재벌이면 사회계급이 상층인 것으로 생각하지만 이들의 생활습관과 언어와 품격 등이 '양반' 답지 않으면 남들로부터 인정받는 상층계급이라고는 할 수 없다. 물질도 한몫 하지만 문화적 격식이 충족되지 않으면 남들이 인정하는 상층이 될 수 없다. 상층이란 사회적 지위는 재력과 함께 갖게 되는 것이 아니며, 여기에는 사회적 책임이 뒤따르고 학식과 사회적 공적도 참작된다. 돈만 생기면 이러한 품격이 저절로 뒤따른다고 생각할지 몰라도 가난한 이웃을 보고 자비와 연민의 정을 나타내지 못하는 사람을 상층으로 대우하는 사람은 없다.

사회계급의 이동은 보통 한 세대에 한 계급 정도 승진하는 것이 학자들이 보는 기준이며, 한 사람이 두 계급이나 세 계급을 껑충 뛰어올라가는 법은 없다고 보는 것이 상례다. 시장바닥에서 어렵게 돈을 벌어 쓰지도 않고 모은 총재산 1억 원을 대학에 기부하면서 가난한 학생을 위해 장학금으로 쓰라고 하는 할머니는 돈은 재벌만큼 없어도 충분히 상층문화를 가진 분이다.

그래서 필자는 해방 이후부터 2000년까지 우리나라에 상층이 있는 사회였다고 인정하지 않는다. 상층이 있었다 해도 집단이 되어 힘을 행사할 정도가 되지 못했다. 한 사회계급을 형성할 만한 상층인원이 없었던 것이 확실한 까닭에 필자는 우리나라의 사회구조를 유지한다는 말이나 '보수꼴통'이 있다는 말을 믿지 않는다. 우리나라가 지금 남남갈등으로 유사 이래 엄청난 위기에 처해 있는데 어떤 상류층의 인사들이 우리나라 사회(구조)를 지키겠다고 우익단체에 비상금을 내놓았다든가 하면 '상류층이 누군지 나와 보라고 해!'라고 말하고 싶은 심정이다.

요컨대 필자는 우리나라에서 사회구조를 유지하겠다든가 상류문화 전통을 지키겠다는 사회계급의 대변자가 있다고는 생각하지 않는다. 적어도 우리나라 사회구조에 미련을 갖거나 애정을 가진 사람들이 있다면 지금 사학법을 개정해야 한다고 농성하면서 삭발할 정도의 인물들이 이미 나와 있어야 한다. 여기서 말해 둘 것은 우리의 사학단체는 직업단체이지 사회 계급을 대표하는 사람들이 아니라는 사실이다.

그러나 우리나라는 비록 상층계급은 없어도 하층과 중층은 형성되어 있는 나라다. 왜냐하면 사회계급의 특징의 하나가 계급의식을 갖는 것이기 때문이다. 상층은 워낙 형성이 안 되어 있어 계급의식이라는 것을 우리가 느끼거나 인정할 수 없지만 하층으로 내려갈수록 계급의식이 단단히 형성되어 있음을 알 수 있다.

여기서 문제가 되는 것은 그 계급의식이 중층의 계급의식이냐 아니면 하층 계급의식이냐 하는 것이다. 필자의 생각으로는 중층의식은 아직 형성되었다고 보기 어렵고 하층의식이라면 주저 없이 뚜렷하게 증명이 되었다고 말할 수가 있다.

어떤 사회이건 간에 현대사회에서는 중층사회가 건전해야 한다는 말이 있다. 선진문화 국가에서는 대체로 중층이 사회구조의 근간이 되어야 하고 사실상 실제로 그렇게 되어간다고 한다. 군사정부시대에 우리나라는 경제상황이 양호해서 80%에 달하는 인구가 자신들은 중층에 속한다는 여론조사에서 응답을 했으나, 2005년에는 같은 비율의 사람들이 자신들이 서민층에 속한다고 응답했다. 서민층이 인구의 80%라면 어쩐지 사회구조가 불안하다는 말로 들린다. 사실상 이제는 실업자가 많아서 사회가 불안한 것은 사실이다.

만약에 사회구조에서 대다수의 국민이 서민계급에 속한다고 하면 이 사회는 참으로 '평등'한 사회가 아닌가 생각된다. 그렇다면 우리나라 교육부가 대학입시 수능고사를 쉽게 출제해서 입시경쟁이 둔화되어 계획한 대로 이 나라는 서민들의 천국이라는 평을 받을 것이다. 그러나 그 결과는 어떻게 될 것인가. 대학졸업생 수가 미국을 제치고 세계 제1위가 되고 있다는 말도 있지만 최고기술자와 최고전문가는 부족해서 교육의 국제경쟁력은 땅에 떨어지고, 대학졸업자가 호텔 도어맨이 되거나 웨이터, 웨이트리스로 일하고 헬스클럽의 심부름꾼이 되고 있다. 한전의 자회사가 전기사용량 계침원 모집광고를 냈더니 수백 명 응모자 중에 석박사 출신이 수십 명이었다고 한다.

능력은 있지만 집이 가난해서 대학에 못 가는 경우가 우리나라에 있는 것은 사실이다. 그러나 능력과 동시에 의욕이 있으면 재정적 난관을 돌파할 길이 있는 곳도 우리나라다. 장학금제도가 있고 은행에서 장기간 낮은 금리로 학자금대출을 받을 수도 있다. 능력만 충분하면 장학금 혜택을 받아 최고학부까지 올라갈 기회가 있고 아무도 그 기회를 가로막는 사람은 없다. 기관도 없다. 물론 북한사회라면 대학은 무상으로 공부할 수 있다고 기대할지 몰라도 북한이라고 해서 능력이 부족한 학생을 대학까지 보내주지는 않을 것이다. 그러나 북한의 이른바 무상교육제도와 우리나라의 제도는 자유민주주의라는 관점에서 다르다. 북한에서는 공부를 시켜놓고 사람의 자유를 인정하지 않고 평생 부려먹는다. 그러나 우리는 장학금을 줘서 대학을 졸업시킨 정부나 회사가 이 학생에게 죽을 때까지 회사 또는 정부에 봉사하라고 강요하지는 않는다. 이것이 큰 차이점이다.

여기 한 가지 좋은 이야기가 있다. 만약에 대학까지 가겠다는 사람이면 이런 문제만은 생각해 두어야 할 것이다. 이것은 필자가 어떤 책에 쓴 작은 이야기다.

노태우 대통령이 모스크바를 방문한 적이 있었다. 그때 한국의 지도급 사업가들이 노대통령의 비공식 수행원으로 수행하고 있었다. 그때가 바로 한국이 거액의 차관을 러시아에 제공하고 있을 때였다.

비공식 연회석상에서 러시아의 고급관리가 지금은 고인이 된, 당시 전경련 회장이었던 SK의 최종현崔鍾賢 회장에게 심각한 어조로 질문했다.

"모르는 것이 한 가지 있습니다. 고견을 좀 말씀해 주십시오. 남한과 북한은 동시에 일제강점 하에서 해방이 되었는데, 어떻게 남한은 그렇게 세상이 놀랄 정도로 경제적 발전을 한 것입니까?" 이 질문을 받은 최 회장은 다음과 같이 대답하였다. "그것은 한마디로 자유, 자유 시장 경제 덕분입니다."5

대한민국은 신생국가다. 나라가 독립한 지 60년 밖에 안 됐다. 나라가 독립하고 나서 6·25 전쟁을 치르고 독일에 간호사와 광부들을 '수

출' 해서 나라 재정이 점차 좋아지기 시작했다. 사우디아라비아라는 낯선 사막나라에 가서 태극기를 내걸고 아침마다 군대식으로 조회를 하고 군가 같은 노래도 부르고, 질서정연하게 공사를 진행하는 모습을 보고 "제발 군대식으로 행동하지 말라. 주민들이 한국 노동자들은 무섭다고 도망친다"라는 말을 들을 정도로 열심히들 외화를 벌어들여 60년 내에 우리나라가 이만큼 발전했다.

앞서 지적한 대로 한국은 양반계층이 없고 상류계급이 아직 발달되지 않은 상민의 나라였고 지금도 그렇다. 사업가와 노동자들은 미래지향적이어서 앞만 바라보고 현재 생활의 고통을 참아내며 열심히 일만 하는 중층문화의 일꾼들이다. 돈을 많이 번 사업가들도 아직은 거칠고 고급문화가 무엇인지 모르는 사람들이다. 그러니까 현금을 '차떼기'로 화물차에 싣고 정치하는 사람들이 무서워서 아첨을 하는 게 아닌가. 문제는 점잖은 상층문화가 아직 발달되지 못해서 그런 보기 흉한 짓을 하는 것이다.

이제 2007년부터는 한국의 상류계층도 정신을 차리고 다음 세대에 넘겨줄 풍요로운 사회구조를 만들어 내야 할 때가 왔다. 그래야 후손들은 그 '풍요로운' 사회구조를 자랑스럽게 자손대대로 전승시킬 것이 아닌가?

여기서 우리는 서울대가 '못 가진 집안'의 자녀들에게 어느 정도로 평등하게 교육기회를 주고 있는지 살펴보기로 하자. 교육부는 논술고사까지 간섭하면서 우수한 학생을 경쟁적으로 모집하려는 대학들을 일일이 간섭하고 있으나, 서민층의 인구가 많고 인구 비례로 보더라도 서민층에는 숨어 있는 영재들이 많다. 이런 영재들은 서울대를 향해 매년 돌진하고 있고 상당수의 서민층 자제들이 이에 성공하고 있다.

이 문제에 관해 서울대학교 학생생활 연구소가 조사한 〈1991년도 (서울대) 신입생 현황자료집〉을 참고로 몇 가지 사실을 간추려 보았다. 우선 신입생들의 '생활근거지의 도시규모'를 보면 서울특별시에 거주 하는 학생이 41.5%로 가장 많고, 그 다음이 직할시(24%), 시(16.5%) 그리고 도청소재지(7.9%)의 순서로 나타났다. 그러니까 도시출신(시 단위 이상자)이 89.9%이고 남녀별로 보면 여학생의 반 이상(54.5%) 이 서울특별시에 살고 있다.

결국 시 단위 이하인 읍, 면, 리에 거주하는 학생은 9.6%이다.(0.4% 는 무응답) 여기서 도시와 농촌 출신 학생의 입학생 비율차가 심하다 는 표현을 할 수도 있겠지만, 그렇다면 왜 서울대가 서울특별시라는 도시에 위치하고 있느냐의 질문도 해야 한다. 도시와 농촌의 차이는 어느 나라에서도 나타나고 있다. 도시와 농촌의 격차를 문제 삼는 일 은 여기서는 하지 않겠다.

동 자료에서 신입생들의 사회계급조사는 없다. 다만 간접적으로 '장 학금이 필요한가?'라는 질문에 '필요하다'라고 답한 학생이 78.8%이 고 '필요없다'라는 대답이 20.3%에 이르렀다.(무응답 0.9%) 이와 같 은 질문응답 결과로 서울대에 입학한 학생들이 재정형편이 윤택하지 않은 가정출신이라고 추측할 수가 있다.

그러나 '경제적 염려의 정도'를 묻는 다른 질문, 즉 신입생들에게 고 등학교 재학 시 가정형편에 대해 어느 정도 염려했는지를 알아본 결과 '조금' 염려한 신입생이 40.1%로 가장 많았고, '많이' 염려한 신입생 이 11.9%, '아주 많이' 염려한 신입생이 2.7%나 되었다. 그러니까 고 등학교 때 '많이' 또는 '조금'이라도 염려했던 신입생은 절반이 넘는 54.7%이다.

그리고 '별로' 염려하지 않은 학생은 33.5%, '전혀' 염려하지 않은 신입생은 10.4%이니 양쪽을 합하면 염려 없는 학생은 모두 43.9%이다. 하여간 앞서 '장학금이 필요한가?'라는 질문에 '장학금이 필요 없다'라고 대답한 학생이 20.3%였다. 따라서 두 번째 조사인 고등학교 재학 당시의 경제적 사정을 물었을 때 '전혀 경제적 염려가 없다'고 답한 학생 10.4%는 장학금이 물론 필요하지 않을 것이고 '별로 염려 안 한다'고 답한 학생 중에서 9.9%에 해당한 학생을 합쳐서 총 20.3%가 장학금이 필요없다고 대답했을 것이다.

요컨대 1991년도 서울대 신입생의 20.3%가 장학금이 필요없다고 했고 78.8%는 장학금이 필요하다고 말했다.(무응답 0.9%) 이 조사는 장학금의 필요여부를 물은 탓에 답은 두 가지 중의 한 가지가 될 수밖에 없었다. 그리고 고등학교 재학 중에 경제적 염려를 어느 정도 했느냐의 질문에 '조금'이라도 경제적 염려를 했다는 학생이 54.7%가 된다고 했다.

물론 이와 같은 조사에서 그 대답이 어느 정도 정확한가에 의문은 있지만, 대체적으로 1991년도 서울대 신입생들의 가정환경은 부유한 편이 그렇지 않은 편의 학생들보다 더 적다는 인상이다. 다시 말하면 서울대에 다니는 학생들은 '있는 집'의 자녀들이 아니라 '없는 집'의 자녀들이 더 많다는 것을 알 수 있다. 공부를 잘하는 학생들은 대체로 '있는 집' 출신이 많다는 이야기가 있지만 여기서는 '없는 집' 출신 학생들이 더 많다는 이야기가 된다.

그러나 서울대의 경우 '없는 집'의 아이들이 서울대에 더 많이 들어간다는 이야기가 되는 탓에 우리로서는 한 가지 신중하게 생각해야 할 문제가 있다. 대학생 데모가 많았던 시절에 서울대에는 왜 '없는 집'

아이들이 '있는 집' 아이들보다 더 많았는가? 이것은 중요한 문제다. 마치 육군사관학교 학생들 중에는 '없는 집' 청년들이 더 많다면 그것이 우리나라 국가안보에 어떤 영향을 미치지는 않는가 하는 의문을 가질 수 있듯이, 서울대 영재들 중에 '없는 집' 청년들이 더 많다면 반정부데모가 빈번한 시기에 장차 우리나라를 이끌어 갈 인재들에게 어떤 문제를 야기할 수도 있었다는 우려를 갖게 한다는 말이다.

결국 이 말은 맞는 말이 되었다. 서울대가 배출한 졸업생들이 지금 어떤 일에 종사하고 있고 사상적으로 어떤 영향을 끼치고 있는가를 생각할 때 우리는 서울대 학생들을 잘 키우지를 못했다는 뉘우침이 있다. 이 점은 물론 서울대뿐만 아니라 다른 대학들에게도 해당되는 말이다. 어쨌든 과거 우리 정부가 해야 할 일을 못했다는 생각이 든다.

따라서 지금에 와서 소용없는 이야기가 되겠지만, 그때 서울대 학생들에게, 특히 등록금을 내기 어려운 학생들에게 등록금을 면제해 주었더라면 좋았을 것이라는 생각이 든다. 서울대는 사립도 아니고 국립대로서 우리나라의 간판대학인데 서울대만은 그 정도 대우를 했어도 좋았겠다고 사료된다. 지금이라도 서울대만은 우리나라의 간판대학으로서 모든 가난한 학생들에게 특별장학금을 주었으면 좋겠다. 물론 국립대학이 서울대만이 아니어서 다른 국립대와 형평성이 문제가 될 수도 있겠지만, 우선 서울대만이라도 그렇게 했으면 좋겠다는 생각이다.

'소 잃고 외양간 고친다' 더니 이제 와서 정부는 대대적으로 대학생들의 등록금 대출 문제를 거론하고 있다. 이것이 선거 때나 대선 때만 되면 나오는 상투적인 이야기인 줄은 알지만 이 문제는 소홀히 넘겨서는 안 될 국가대사다. 하긴 대학생의 등록금문제는 여타 교육문제와 연결지어 검토할 문제임은 확실하다. 그래서 우리는 교육의 이념문제로 되돌아갈 수밖에 없다. (북한에서 대학교육이 무상이라는 허울 좋은 동경심에 관해서 이미 간단히 이야기한 바 있다.)

모든 인간사회의 특징은 개인이나 집단이나 어떤 이익을 위해서 서로 경쟁한다는 사실을 인정해야 한다. 그런데 경쟁을 어떻게 마무리 짓느냐에 따라 좌우 정치와 교육이념이 완연히 달라진다. 마르크스철학을 신봉하는 사람들은 경쟁이 경쟁으로 끝나는 것이 아니라 성적의 차, 학교의 차 그리고 빈부의 격차는 사회갈등을 일으키는 결과를 초래하는 까닭에, 갖지 못한 사람들은 누가 지배자인가를 확실히 구별해서 누가 적이고 누가 우방인가를 결정하라는 것이다. 결국은 사회계급 간의 갈등과 투쟁이 유발되는 것이니, 갖지 못한 사람들은 모두들 일심 단결하여 기존세력들을 이 땅에서 몰아내고 계급 없는 이상세계를 구축해야 한다는 것이다. 계급투쟁을 머릿속에 집어넣고 있는 사람들은 사학법 문제에서 절대로 후퇴하면 안 되는 것이라 버티는 것이다. 교육의 3불문제도 양보할 수 없다고 대통령도 버틴다. 서로 먹느냐 먹히느냐의 싸움에서 양보는 없는 것이라고 최후의 승리를 갖지 못한 사람들끼리 다짐하는 것이다.

그러나 계급혁명에 반대하는 여러 세계적 석학과 정치가들은 지배자와 피지배자의 관계를 투쟁과 혁명의 길이 아닌 협동과 이해의 길로 나가자고 설득한다. 사회구성원들이 작당하여 개인 또는 집단의 이익을 위해 서로 싸우는 것보다 서로 다 같이 잘 살아보자고 주장하는 이치에 하등 잘못된 것이 없다. 계급 간의 갈등과 투쟁을 강조하는 것보다는 사회질서를 존중하여 서로 법을 지키고, 공평하게 그리고 평화롭게 잘 살아 보자는데 무슨 말이 많고 이견이 있겠느냐는 입장이다.

교육에 있어서도 없는 집 또는 갖지 못한 사람을 보호하기 위해 기존질서를 부수고 계급 없는 이상사회를 건설해 보자는 주장을 하는 사람들이 사회주의 좌파 이상주의자들이다. 성적경쟁을 통해 개인차와 학교차를 조장하여 학교입학에서 줄서기를 강요함으로써 없는 집 아이들을 하수도로 쓸어 넣으려는 보수 세력들의 의도를 가만히 지켜만 볼수 없다는 것이다. 이처럼 마르크스 추종자들이 계급의식을 하늘 같이 믿는 것은 참으로 세상 최대 불가사의에 해당된다.

남한의 사회구조는 비록 상류계급이 아직 형성단계에 있다고는 하지만 상중하의 구분을 따라 사회갈등보다는 사회질서 확립과 유지에 전념하고 있다. 모든 사회계급과 계층 간의 오해와 편견을 넘어서 더불어 사는 사회 환경을 만들도록 합심노력하고 있다. 우리 조상들은 그 험난했던 과거에도, 신분제도라는 어려운 환경 속에서도 민족은 하나라는 믿음으로 분열과 갈등을 슬기롭게 극복하며 살아왔다. 그러나 계급사상에 사로잡힌 일부 신세대 사람들은 노동자가 주인이 되는 세상을 우리 땅에 건설할 것이라 주장하고 있다. 가진 사람들이 피지배자 노릇을 하는 모습을 눈으로 직접 보아야만 속이 시원하겠다는 마음을 가지고 여기저기 개혁 아닌 혁명의 깃대를 꽂고 다닌다.

학교교육도 이들의 증오대상이 된 지 이미 오래다. 다음에 미국과 일본에서는 어떤 사회구조에 어떤 교육체제를 갖추어 나가고 있는지 잠시 검토해 보기로 한다.

3. 일본 교직원조합 (일교조)

일본은 태평양전쟁 전에는 도덕과 정신교육을 지극히 중요시하는 나라였다. 일본이 비록 유럽의 독일식 학제를 모방하여 새로운 학교교육 방식을 도입했다고는 해도 천황숭배의 사회구조만은 허물지 못했다. 그래서 천황이 친히 하사한 '교육칙어'는 교육활동의 기둥을 이루고 있었다. 그리고 '교육칙어'의 정신은 '수신修身'으로 이를 교사가 하향식으로 전달하는 교수법이 초중고에서 의욕적으로 전파되고 있었다.

결국 일본식 학습법에 의한 수신교육-정신교육은 태평양전쟁을 뒷받침하는 인간교육의 기둥역할을 수행했다. 일본군 자살특공대의 전투기 조종사는 천황만세를 외치며 미군함정 연통 속으로 돌진하는 '용맹성'을 전 세계에 과시하기도 했다. 그래서 미국과 연합군은 일본본토 사수를 천명하며 패전을 거부하는 일본국에게 최후통첩을 전달했다. 즉 일본군의 계속적인 자살특공대로 연합군의 전쟁희생자가 증가하는 것을 막기 위해 히로시마와 나가사키에 원자탄 세례를 퍼부었으며 소련군의 북한영토 상륙을 유도했던 것이다.

종전이 선언되어 일본이 항복문서에 서명하자 맥아더장군의 점령군은 일본의 '수신 교육'에 특별한 관심을 보였다. 그러자 일본의 수신 교과서 사용이 금지되었고 그 대신 '사회학습Social study'이라는, 미국 초중고에서 사용하는 학습과목을 도입하도록 하여 이것이 일본에서 채택되었고 우리나라에도 도입되었다.

수신과 사회학습이 다른 점은 수신이 주입식 암기위주의 전통적 학습방법에 의존하는 데 반해 사회학습은 사회생활을 이어가는 데 있어 대인관계에서 파생되는 여러 가지 행동규범을 관찰 토론하는 가운데 실증적 가치기준을 가려내 이해하고 실천하는 식의 신 교육이념을 반영한 것의 차이었다. 그러나 듀이 교수의 신 교육방식은 일본과 한국에서 환영 받지 못하고 미군정이 철수하면서 일본에서 사회학습은 곧 옛날의 수신으로 회귀하고 말았다. (한국도 곧 도덕과 윤리과목이 등장했다.)

일본은 도덕교육에 있어서 다른 나라와 달리 유별나게 광신적인 기대감이 있었다. 태평양전쟁을 일으키기 전까지의 국가통일과 나라발전이 교육칙어와 일본식 정신교육이 주효한 것이라 생각한 것 같았다. 그러나 전후 일본은 미 점령군과 더불어 들어온 자유주의 물결과 공산주의자들의 집요한 침공전략에 중심을 잃은 듯 사회민심이 동요하는 가운데 학교교육은 방향을 잃고 오직 도덕교육이 예전과 같이 그 위력을 발휘해 줄 것으로 믿었다.[6]

한국도 어느 정도 이 점에서 일본을 닮았지만 학교 교실 내에서 주입식으로 전도하는 도덕교육이 신비적인 위력을 학습과 동시에 발휘해 줄 것을 기대하는 학부모들과 국가지도자들은 계속 실망할 수밖에 없었다. 그리하여 일본은 패망 후부터 오늘날까지 '교육황폐教育荒廢'라는 사회현상에 골치를 앓게 되었다. 일본에서는 오늘 현재까지 학원폭력과 이지메와 같은 용어가 일간신문에서 사라지는 일이 없다.

일본도 한때 교직을 성직聖職이라 여기고 '스승의 그림자는 석 자 떨어져서 밟지 않는다'는 말이 있었는데 지금은 '일부러 석 자 앞으로 스승 앞에 다가가 스승을 들어올려 메친다'는 말로 바뀌었다고 할 정도가 되었다는 것이다. 그래서 스승도 이렇게 당하고만 있을 수는 없어 '제자들에 대해서 기선을 제압하여 제자를 두드려 팬다'는 말로 바뀌었다는 이야기가 있다.

이래서 일본에서는 선생선제공격先生先制攻擊이라는 용어가 생겼다는데, 제자 쪽에서도 지고만 있을 수 없어서 스승을 메다꽂는 지경에 이르렀다고 해서 이것을 생도정당방위生徒正當防衛라 부른다고 한다. 오늘의 교육황폐현상에 대해서 많은 사람들이 이 원인이 메이지시대 이후 학생들의 양적 확대에만 신경 쓰고 질적 교육을 등한시한 일본 문교부와 교육을 계급투쟁의 수단으로 하여 현장을 황폐화시킨 일교조에 있다고 단언하고 있다.[7]

교육황폐의 원인이 된 일본교직원조합日敎組이라는 단체는 1947년 6월에 결성된 각 도도부현교조都道府縣敎組를 중심으로 결성되어 1989년 현재, 일본전국 교직원 총수 118만 2,723명 중의 48.9%를 차지하는 57만 8,864명의 회원을 가진 최대 교원노동조합이다.

일교조의 기조는 '노동자를 자처하며 사회주의 체제구축을 지향한다'는 것이다.[8] 조직의 특징은 지방 공무원법에 기초한 단체의 연합체이나 총평日本勞動組合總評議會에 가입하여 노동조합과 일체가 되어 활동한다. 급여를 임금이라 부르고 임금을 노동력이라는 상품에 대한 매매 가격으로 보는 것이다. 학교교원이라는 특수성은 인정하지 않고 노동자의 임금이라고 간주하는 교사들의 사상이 평범하지가 않다는 것을 입증한다.

근무조건은 한 학급을 40명으로 하는 학급정수를 요구하고 직원회를 최고의결기관으로 인정하며, 학교장의 관리권을 부정하고 오직 조합에 의한 학교관리를 주장한다. 주임제도나 주임수당을 인정하지 않고 이를 반대한다. 교과과정 운영에 있어서 학습지도안의 법적 지위를 부정하고 오직 조합원의 자주적 교육과정 편성을 주장한다. 그리고 교과과정 운영에 있어서 각 교과에 편파적 마르크스주의 도입을 주장한다.

학생이란 개념은 투쟁동지로 연결되며 혁명의 동지다. 교육이란 뜻은 학생들의 사상의 변혁을 의미하며 교육과 정치적 선동을 동일시한다. 교육이란 이들에게는 조합의 운동이며 사회주의 정권의 수립을 의미하는 까닭에 사회당과 공산당의 정치노선을 지지한다.

일교조의 주된 활동으로는 교원근무평가 반대(57-62년), 교과과정 반대(58년), 전국 학력 평가 반대(57-59년), 중등교육심의회 노선 반대투쟁(75-85년), 주임제 반대투쟁(75-85년) 등이고 매년 전국적 파업이 없는 때가 없었다. 1974년 4월에는 최대 규모의 전국 1일 데모가 실시되었고, 이때부터 조합내부의 반주류파인 공산당으로부터 기계적 노동자론에 바탕을 둔 파업만능주의가 비판의 대상으로 부각되면서 파업 전술을 둘러싸고 조직 내부에 격심한 갈등이 조성되기도 하였다.

교육 황폐의 징후를 나타내는 실태로서 폭력행위, 학대, 등교거부, 기물 파손 등이 증가추세에 있음을 알게 된 문부성은 1982년부터 매년 문제 실태를 조사해서 그 결과를 전국의 교육위원회에 보고하여 새로운 지도 체제의 충실화를 기하기도 했다. 일례로 1985년 4월부터 7개월 동안에 합계 15만 5,066건의 학대 사건이 발생하였다는 것이며, 학급별로 보면 초등학교 96,457건, 중학교 52,801건, 고등학교 5,718건이었다.[9]

학교가 싫어졌다는 이유로 장기간 결석한 학생수가 1985년에 과거 10년간의 기록 중 최고였으며 어떤 교육상담기관에서 받은 총건수의 46%가 등교에 관한 것이었다 한다. 전국적인 통계로서는 중학생 1만 명 중 47명이 학교가 싫다는 이유로 장기 결석을 한다는 것이었으며 여기에는 교사들의 직무 태만이 큰 원인으로 나타났다고 한다.

1985년 조사에서 교사에 대한 폭력 건수는 중학교 681건, 고등학교 117건이었다 한다. 학생 간 폭력은 중학교의 경우 1,477건이고 고등학교는 478건이었다 한다. 1986년 경찰조사에 의하면 이해에 자살한 청소년의 수는 723명이었고 자살원인으로는 원인불명과 학부모 등의 질책이 상위를 점했다 한다. 이것은 초중학교 학생들에게 공통적인 경향이고 고등학교로 가면 원인불명 다음으로 정신장애에 의한 것이 많아지고 있다는 것이다.

왜 전교조가 교육황폐의 원인이라고 하는가? 이에 대해서 전국교육문제협의회 부회장이었던 분이 다음과 같이 말했다.

"(과거에는) 평상시의 생활지도에 있어 인사를 잘 한다, 지각을 하지 않는다, 규칙을 잘 지킨다, 바른 말을 쓴다, 모든 일(공부 등)에 집중한다 등, 당연한 일이지만 예의범절 문제, 다시 말하면 도덕교육의 기본을 철저히 가르쳤다. 그러나 일교조는 발족 이후 오늘날까지 일관해서 이런 도덕교육에 반대했고 엄한 예의범절 교육을 관리주의교육이라 하여 비난하거나 배척해 왔던 것이다." 10

그리고 그는 마찌다 시의 경우를 소개한다.

"마찌다 시의 경우 중학교장을 오랫동안 역임한 모씨의 말에 의하면 최근 수년간 시교육위원회 지도 지침 속에는 도덕교육의 문제가 한 줄도 나타나 있지 않았다는 것이며, (중략) 이는 교육장이 도교조道教組 시절부터 도덕교육을 반대하는 데 앞장서 왔기 때문이라고 했다." 11

끝으로 일교조 산하 교사에 대한 끝없는 불신과 불만을 원문 그대로 소개한다. 이 글은 학생이 체험한 내용을 졸업식 답사에서 읽은 것이다. 12

교정에 흰 매화꽃도 한층 향기를 더해가고 있는 화사한 날에 내빈 여러분을 모신 가운데 이처럼 성대한 졸업식전을 베풀어 주시고 또 지금은 교장 선생님의 온정이 넘치는 훈시를 비롯하여 갖가지 소중한 말씀을 내려 주시니 졸업생 일동은 분에 넘치는 광영으로 알고 깊은 감사를 드립니다.

그러나 저는 이 장소를 빌어 재학생과 많은 학부모 여러분에게 호소하고 싶은 이야기가 있습니다. 그것은 우리 학생들과 매우 관계가 깊은 선생님들에 대해서 입니다.

진학과 취업을 목전에 둔 저희들에게 가장 중요한 시기라고 할 수 있는 지난 1년 동안, 일주일 이상이나 학교를 결근하여 교과진도가 반 정도밖에 안 나간 과목이 있습니다. 이런 일이 있을 수 있습니까? 그 무렵 일교조의 전국 대회가 개최되고 있었지요.

오츠까 선생님, 선생님들이 파업을 하시던 날, 파업에 참가하지 않은 선생님의 수업 따위는 받을 필요가 없다고 말씀하셨습니다. 우리는 이 말씀을 어떻게 받아들여야 할지 모르겠습니다.

또 수업 중에 중화인민공화국과 모어록毛語錄이 담긴 인쇄물을 배부해 주시고, '천황은 나쁜 놈이다', '장기는 싫다'는 등을 예사로 말씀하시던 가가와 선생님, 자본주의에 대한 강의는 1시간 밖에 안 하시고 사회주의, 공산주의에 대해서는 4시간씩이나 정성들여 가르쳐 주셨습니다.

그리고 츠노 선생님, 수업 중에 선생이란 직업은 성직이 아니다. 우리는 노동자라고 말씀하셨는데 그렇다면 왜 학생을 구타하십니까. 그때 선생님은 단순히 가르치는 쪽과 가르침을 받는 쪽, 생산자와 만들어지는 제자 쪽이라는 개념으로 말씀하셨습니까? 노동자가 단지 일만 하면 되는 것이라면 학생을 구타할 까닭이 없지 않습니까? 거기에는 생산자와 제품 이상의 무엇인가가 있기 때문이 아니겠습니까? 그리고 그것이 성직 의식이라는 것이 아니겠습니까?

마츠야마 선생님, 선생님은 파업 전날 국어수업 때 국어와는 전혀 관계가 없는 파업에 대한 자기변명을 늘어 놓으셨지요.

(중략)

타카마츠 선생님, 모리 선생님, 선생님들의 수업 태도는 또 어떠합니까? 아무래도 저희들 눈에는 무기력한 선생님으로 밖에는 보이지 않습니다.

(이하 생략)

1974년 3월 1일

후쿠오카 현립 ○○고등학교 제24회 졸업생 대표

학부모가 제기한 일교조 고발에는 이런 글이 나왔다.

"오늘날의 교육의 난맥은 바야흐로 망국의 징조라고 할 수밖에 없습니다. 그 원흉이 일교조라고 저는 생각합니다. 정치, 경제에 다소의 혼란이 있고 나라가 가난해도 튼튼한 교육만 있다면 절대로 나라가 망하지는 않을 것이라는 소신을 저는 갖고 있습니다. 그것은 역사가 증명합니다."

일교조에 대한 근본요법은 1) 국민의 힘이 위력을 발휘해야 한다. 2) 일교조를 재정적 궁지로 몰아넣는다. 3) 위법행위는 엄격한 법집행으로 막아야 한다. 4) 지방단체장선거에서 사회당과 공산당을 경계해야 한다. 일교조가 최성기에는 교직원 총수의 80% 이상이라는 가입률을 과시하던 때가 있었지만 1985년에는 50%를 밑돌기 시작했다.

결론적으로 일 교조와 우리의 전교조를 비교해 보았을 때 많은 유사점과 상이점을 발견할 수 있다. 유사점은 1) 교원은 노동자이고 사회주의 국가를 건설하겠다는 것, 2) 교조는 교장을 무력화시킴으로써 현존의 학교조직을 완전 와해 시키려는 것, 3) 교육이 정치고 정치가 교육이라는 사회제도의 무분화 상태, 4) 학생교육에서 교사들의 무책임성과 무성의성, 5) 학생들을 상대로 편협한 이념교육을 감행한다는 것, 6) 지배자와 피지배자 간의 계급의식을 고취하고 선동한다는 것 등이 감지된다.[13]

양 교원노조에서는 다음과 같은 상이점을 발견할 수 있다. 1) 일본에서는 비록 일교조의 행패가 심하지만 학생과 동료교사들이 맞대고 일교조 교사들에게 불만을 토로하는 용기가 있다는 것, 2) 일본에서는 지방자치제장들이 어느 정당 출신인가에 따라 교원노조의 활동이 위축되거나 활발해 진다는 것, 3) 한국에서는 국회의원들과 국가원수까지 합세하여 교원 노조를 보호하고 응원한다는 것, 3) 한국노조에는 교사봉급을 타면서 학생을 가르치지 않는 중앙부서의 요원이 100명이나 있다는 것. 4) 일교조에는 통일, 민족, 평화와 같은 문제가 없다는 것, 5) 일본은 노조참가회원이 공립학교 교원이지만 한국은 사학을 파고드는 노조원이 많다는 것, 6) 일교조는 교육의 황폐와 도덕교육이 쟁점이 되지만 한국은 학교차와 입시경쟁으로 사회격차의 문제가 갈등의 쟁점이 된다는 것들이 감지된다.

각주

[1] 양호민, "한반도는 이렇게 분열되었다", 「한국 민족주의와 민주주의의 시련」. 서울: 효형출판, 1995. pp.9-231.(마르크스주의의 영향에 관해 자세히 설명되어 있다.)

[2] http://blog.naver.com/cacap/40024527558

3 교원신문사, "인민교육제도 개정에 관한 결정", 「인민교육」, 평양: 교원신문사, 1959. 11, 11호, pp.5-6.

4 양호민, 전게서, p.9.

5 김선호, 「남북관계 : 알 것은 알고 지내자」. 서울 : 수운출판. 2002. p.53.

6 小林正, 「Nikkyso-to yiu nano Juji-ka(일교조日敎組라는 이름의 十字架)」, 東京: 善本社, 2001. pp.3-6.

7 屋山太郎, 「But-tataku! Nipponno Byokon(마구 때려라! 일본의 病根)」, 東京: 太陽企劃出版, 1982. pp.192-196.

8 櫻井 요시꼬, 「日本の危機(일본의 위기)」. 東京: 新潮社, 2000. p.136.

9 鄭求昌 역, 梶山茂 편저, 「日本敎育荒廢 : 그 診斷과 治療法」. 서울: 한국교육신문사, 1989. P.27.

10 鄭求昌, 전게서. p.13.

11 鄭求昌, 전게서. p.13.

12 鄭求昌, 전게서. p.76-78.

13 新堀通也・青井和夫編, 「日本敎育の力學」. 東京: 有信堂, 1983. pp.35-37.

제5장

계급사회이면서도 계급사회가 아닌 미국사회

계급사회이면서도 계급사회가 아닌 미국사회. 이것이 도대체 무슨 말일까? 이는 미국이 뚜렷한 계급의식을 지닌 계급사회가 아니라 계층사회라는 뜻이다. 계층 간의 협력과 협조가 일상화되어 있어서 사회계층 간의 이동이 용이하며, 본인은 물론 후손까지 학교교육을 통한 출세의 기회가 열려 있는 나라라는 뜻이며, 공산국가와는 완전히 반대되는 자유와 평등이 동시에 허용되는 나라라는 뜻이다.

　다양한 민족이 모여 사는 나라 미국은 사회가 분명 분할되어 있는 나라다. 직업, 수입 그리고 교육 정도의 차이로 인해 잘사는 사람과 못사는 사람의 격차가 있다. 그런 격차로 말미암은 사회적 긴장과 갈등이 예상되는 법이지만, 미국은 '용광로Melting Pot'의 나라다. 유럽 각지에서 종교적 핍박을 받던 각계각층의 사람들이 신대륙 미국으로 건너와 당면한 생존과 개척과 발전을 위해 살다보니 모든 사회적 차별이 마치 용광로에 들어가서 다 녹아 하나가 되듯 미국화 되어 버린 것이다. 그래서 사회계급이 없는 평등의 나라, 희망의 나라로 알려져 있다.

　"미국이 과연 사회계급이 존재하지 않는 이상적인 나라인가?" 시카고대학 교수들이 미국사회구조를 사회인류학적 방법으로 다년간 연구 조사한 바에 의하면 미국에도 사회계급은 존재한다는 결론이다. 그러나 미국사회는 질서와 변화가 동시에 존중되는 까닭에 항구성과 유동성이 균형 있게 잘 유지되는 나라며, 입신출세가 용이한 나라로 정평이 나 있다.

　마르크스주의자들은 사회계급의 존재가 계급갈등과 계급투쟁으로 이어져서 지배자계급이 분명 멸망할 것이라 예언했지만, 미국 사람들은 사회갈등이 오히려 사회구성원들을 자극해서 스스로 사회적 지위를 높이려고 분발하고 노력하게 만드는 자유의 나라, 희망의 나라라는 믿음을 갖는다는 것이다. 따라서 계급의식이 사회활동을 저해하는 나라가 아니라는 것이다.

필자는 이 장에서 미국의 사회계급구조가 연구자들에 의해 어떻게 조사되었으며, 학교가 어떻게 사회질서 유지와 변화에 이바지하는가에 대해 알아볼 것이다. 그리고 미국식 대학입학전형이 어떤 과정을 통해 진행되며, 우리나라가 그 방법과 과정을 비교교육학적으로 이해할 수 있는 것인지 알아볼 것이다. 우리나라의 학제는 대학입시제도만 제외하고 미국과 닮은 점이 많은 까닭에 양국제도를 비교 연구해 볼 만하다. 미국의 좋은 입시모델을 보며 이 점을 조심스럽게 연구해 보는 것도 좋을 것이다.

1. 계층이동의 수단이 되는 학교교육

어떤 인간사회를 막론하고 개인의 입장에서 보면 더 잘살고 싶은 욕망이 없을 수 없다. 따라서 사람은 우선 건강하기를 바라고 나아가서 다음과 같은 욕망을 갖게 된다. 우선 부富를 소유하고자 하는 욕심이다. 못 가진 사람은 갖고 싶고 가진 사람은 더 많이 갖기를 바란다. 그러자면 좋은 학교를 나와서 좋은 직업을 가져야 할 것이다. 부를 갖게 되면 그 다음으로 권력을 가져서 남들을 수하에 두고 부리고 싶은 사람도 있을 것이다. 남들이 자기를 우러러보게 하는 명예욕도 생길 것이다. 이것은 아마 명예와 위광을 갖고 싶은 욕망일 것이다. 그리고 생활습관과 생활양식에 품격을 갖추는 것이며, 무엇이 가치 있고 중요한가에 대해 일가견이 생기는 것 등 사람들의 가치기준은 다르지만 자기가 이 세상에 태어나서 성취하고 싶은 일들이 있다.

그래서 우리 사회에서는 사람을 지위에 따라 평가하고 대접하는 사회계급이라는 기준이 생긴다. 상대방의 지위와 위치를 알면 이쪽에서 행동하기가 쉽다. 그래서라도 상대방의 사회계급을 따지게 된다. 다만 계급이라는 용어가 너무 자극적이어서 계층이라는 용어로 대치하기를 좋아하는 사람들이 많지만 원래 두 용어의 뜻은 약간 다르다. 계급이라고 하면 마르크스시대로부터의 계급투쟁을 연상하게 하는 거부감 때문에 일반인은 이 말의 사용을 기피한다. 학술용어로서는 어쩔 수 없지만 일반인은, 특히 우리나라에서는 계급이란 용어 대신 계층이라는 용어를 많이 쓴다.

계층은 연령, 성性, 직업, 수입, 역할, 신분에 나타나는 층계를 뜻함이고, 계급은 이 모든 계층 사람들을 망라해서 사회적 지위를 나타내는 말로 사용하는데, 이런 기준에 따른 집단의 특징으로 결속을 강하게 해주는 집단의식은 성이나 연령으로는 약하지만 계급의식이 구성요소로 작용하는 사회계급이 가장 강하다 할 것이다. 그래서 계급의식에 불을 붙여 무산자혁명을 성공시킨 러시아가 있고, 일본이나 대한민국에도 계급의식을 이용해서 정권을 잡아보겠다고 무산자혁명을 책동하는 무리들이 있다.

5·16혁명은 군인들이 단결해 일으킨 정변이었다. 이어서 대학생들이 나서서 군사정부 타도를 외치며 무산계급독재를 주창하던 386세대가 정권을 장악하는 시대가 왔다. 아무래도 가진 사람보다 갖지 못한 유권자가 많았던 까닭에 좌파정권은 민족공조와 '평화적' 남북통일을 내세워 못 가진 사람들의 계급의식을 자극하여 국가권력을 장악하려

는 소기의 목적을 달성해 가고 있다.

그러나 대한민국은 해방 이후 중간계급의 교육을 통해 위협적인 세력을 축적해 왔다. 386세대가 나라살림을 해 온 결과에 실망한 까닭은 경제와 교육시책에 있어서 정도에서 벗어나는 일들을 너무 많이 한 탓이다. 예를 들어 교육평준화시책에 있어서 그렇게 많은 중상층의 부모와 학생들이 그들 갈 길을 정부가 막고 있다고 소리를 질러도 마이동풍이라 듣지도 않고 그대로 밀고 나가고만 있다.

수직적인 계층이동에서 학교교육이 얼마나 효력을 발휘하느냐의 문제는 우리나라의 특이한 대학교육의 양적인 팽창으로 인하여 그 위력이 크게 위축되었다고 해도 과언이 아닐 것이다. 오늘날 4년제 대학을 나왔어도 호텔식당에서 웨이터나 웨이트리스로 만족해야 하는 세상이 되었으니 대학졸업장의 희소가치는 지금 우리나라에서는 찾아볼 곳이 마땅하지가 않다.

대학을 나와도 일자리 찾기가 이토록 어려운데도 불구하고 대학에 진학하려는 지원자들에게는 그 통로와 과정이 희미하고 제도가 자리잡힌 상태가 아닌 까닭에 학부모들과 대학지원자들에게는 끊임없는 고난이 지속되고 있다. 가장 최근인 2007년 6월 16일 신문을 통해 알려진 바에 의하면 수능 5개월을 앞두고 교육부는 대학들에 대해서 "내신 비중을 50%로 높여야 한다"라는 단호한 지시를 했고, 이로 인해 학원가에는 또다시 대학입시안에 대해 큰 파문이 일고 있다. 적어도 1년에 한 번씩은 이러한 돌발사건이 일어난다는 사실은 예견했지만 이런 사건들이 또다시 발생해야 한다는 것은 참으로 애석하기 짝이 없는 일이다.

여기서 문제가 되는 것은 '50% 내신비중 문제의 의미는 무엇인가'

에 대한 우리 국민들의 '알고 싶어 하는 욕구'를 해결해 줄 방법이다. 솔직히 말해서 일을 당하는 당사자들인 지원생과 대학측의 입장을 알려주려는 다수 매스컴의 성의 있는 노력에도 불구하고 일반 사회인들의 반응은 "또 시작이로구나"하는 냉담한 반응과 더불어 왜 이런 문제가 아직도 해결이 되지 않고 있느냐 하는 불안감이다.

솔직히 말해서 이제는 대학입시에 관해서 일반인들이 그 연유를 알려고 노력해도 도저히 이해할 수없는 내용들이 너무나 많아졌다. 신문을 읽어도 그 연유를 알 수가 없고 방송되는 토론장면을 직접 들어보아도 그 쟁점이 무엇인지 알 수가 없는 지경에 이르렀다. 해방 전후나 6·25전쟁 후만 해도 대학입시에 관해서는 모든 국민들이 대학입시가 어떻게 돌아가는지 가늠을 할 수가 있었고 그것은 실력대결인 관계로 대학입시에 합격할 학생들이 으레 합격하는 제도인 것으로 알고 있었다.

그러나 요즘의 대학입시는 그 절차가 하도 복잡해서 전문가들이나 알 수 있는 제도인 것으로 되어 있는 탓에 입시자문을 구하려면 마치 변호사를 고용하듯 입시전문가의 조언을 구하고 거금을 지불해야 하는 것으로 알려져 있다. 사실상 대학입시에 대해 어지간한 정보를 얻기 위해서는 여러 가지 '술어'를 이해해야 할 판이다. 수능이나 내신에 관해서는 어느 정도의 상식을 적용해서 그 뜻을 알 수 있지만 절대평가 또는 상대평가가 무엇인지를 알아야 하고 수시모집은 무엇이고 정시모집은 무엇인지 알아야 한다.

학교생활기록부 성적은 내신 성적과 같은 것인지를 모르면 안 되고, 석차등급은 무엇이며 내신기본점수는 무엇이며, 내신 40% 또는 내신 50%는 어떻게 다르며, 수능과 내신의 등급제는 무엇이며 왜 원점수는 사용하지 않고 등급제라는 것을 고안해 냈는가를 알아야 한다. '1-4 등급에 만점을 준다'은 뜻은 무엇이며 '내신무력화 방안'이란 무엇인지, 서울대가 '1-2등급만점 방침'을 철회하지 않는 것에 대해 왜 국무총리까지 나서서 '교수정원을 동결한다'는 것인지 알지 않으면 안 된다.

이 밖에도 그 뜻을 분명히 알지 못하는 단어들이 있다면 발설하는 말이나 문장의 뜻을 알 수 없게 된다. 단어의 뜻을 모르면 그 단어는 우리가 모르는 외국어로 둔갑해서 말의 뜻을 모르게 되는 것은 당연하다. 여기서 우리가 알아야 할 것은 학습 성적이 수량화되는 과정에서 생기는 각종 술어의 위력이 대단하다는 것과 각종 술어를 이용하여 분석력을 발휘하는 지식인의 재능에 대해서는 어느 정도의 경계심을 가져야 한다는 것이다. 숫자는 사용하기에 따라서는 과일칼도 되지만 흉기로 변하는 수도 있기 때문이다. 우리나라의 학업성적은 가장 훌륭한 실증에 속한다.

각종 술어를 사용하며 수량적 분석력을 휘두르는 상황에 대해서 일반인들이 세심한 경계심을 발휘해야 한다는 것은, 술주정뱅이가 결혼반지를 어두운 곳에서 잃어버리고 밝은 가로등 밑에서 찾고 있다는 이야기로 비유할 수 있다. 이 이야기는 시카고대학의 인류학교수 솔 텍스Sol Tax박사의 농담 같은 학술연구방법 비유 이야기다. 이는 사회과학에서의 수량적인 분석방법과 인류학적인 전반적 접근방법에는 서로 보완적인 측면이 있음을 시사한 것이다.

내신 비중 50%에 관련해서도 우리는 수량적 분석방법과 직관적, 전반적 문제접근방법을 적용할 수가 있다. 내신 비중 문제에 수량적 분석방법을 적용했을 경우 우리는 암암리에 사고혼란을 일으킬 미궁에 빠질 수가 있다. 교육부의 주장과 대학측의 주장이 각각 일리가 있는 것 같이 들릴 수 있다는 뜻이다. 그러나 인류학에서 사용하는 전반적 접근법을 이용한다면 사물의 미세한 분석자료에 사로잡힐 필요 없이 전체적인 문제의 윤곽을 똑바로 인식할 수가 있다.

인류학에서 훈련을 받은 학생들은 무엇보다도 학교차의 문제를 연상할 것이고 또 한편으로는 지역균형선발주의를 주장하는 정부의 끈질긴 정치 또는 교육이념의 쇠사슬을 여지없이 연상할 것이다. 이것은 일종의 Wholistic approach에 해당한다는 퇴로를 발견할 것이다. 부분을 보는 게 아니라 전체를 보자는 것이다.

무엇보다도 정부의 시책은 학교차를 인정하지 않으며 경쟁을 장려하지 않는다. 지역균형선발은 서울의 1등과 지방의 1등을 동급으로 보자고 가르치고 이것을 실천하기를 주장한다. 그러나 그 언제인가 몇몇 대학들이 "임금님 귀는 당나귀"라는 말을 못 하고 참다가 고교등급표를 만들어 이것을 기준으로 정부가 해서는 안 된다는 지역균형주의를 위배하는 바람에 서울대와 기타 사립대 총장들이 혼이 났던 일이 있지 않았던가. 꼭 하고 싶던 말을 하고야 말았던 신하가 있었듯이 '고교등급제'를 갈망하고 있는 대학총장들이 아직은 득실거리는데도 불구하고 정부는 지역균형선발주의를 무리하게 밀고 나가려는 것이어서 이번에도 내신 비중 50% 이야기가 나온 것이다.

내신 1-2등급을 만점으로 하겠다고 주장했던 서울대는 (다른 대학들도 같은 의도로 동시 다발적으로 일어난 일이었다) 이번에는 고교등급제 대신 내신무력화 운동을 전개하려 든 것이다. 2008년 입시에 대비해서 준비한 일이었지만, 내신 1-2등급을 만점으로 하겠다는 의도는 지방학교의 1-2등급과 서울(또는 도회지)의 1-2등급 간의 차이를 없애겠다는 제스추어다. 이렇게 되면 입학사정에서 언제나 유리한 입장을 취하게 되는 지방의 1-2등급은 서울의 1-2등급과 같이 만점을 받으므로 내신효과가 없어지게 되는 까닭에 수능이나 논술 아니면 면접에서 지원생의 성적차가 중요한 역할을 하게 된다.

원래는 서울의 2등급 지원자는 지방의 1등급보다 성적이 월등하게 우수할 것이지만, 지방학교의 내신 1등급에 주는 배당점수는 서울의 2등급보다 우월한 점수를 배당받는 탓에 서울 2등급이 낙방할 가능성이 큰 것이었다. 그런데 수능시험은 표준화검사인 까닭에 (전국학생들을 상대로 하는 까닭에) 서울학교의 내신 2등급 또는 3등급 학생들이 지방의 내신 1등급 학생들보다 수능에서 유리한 등급을 받을 수 있는 것이다. 이 까닭에 내신 1-2등급 또는 내신 1-4등급 간의 차이를 인정하지 않고 모두 만점을 주겠다는 '묘안'이 대학에서 나왔던 것이다.

대학들이 이러한 계획을 짜서 미리미리 지원학생들에게 광고를 낸 것이었는데 교육부와 대통령이 "안 된다"는 엄중한 경고를 내렸던 것이다. 국무총리까지 나와서 "만약에 대학들이 정부지시를 거역하면 연구비도 안 주겠다"는 단호한 입장을 보였다. 사태가 이 정도로 되는 바람에 교육부는 2004년에 이미 내신비율을 높이겠다는 사회적 합의가 형성된 것이며 대학들도 이에 순응한 것이라고 대학측을 압박했다. 그러나 대학측은 그런 일은 없었다고 정부를 점잖게 비난했다.

그랬더니 교육부를 대표하는 국장은 2004년에 "내신이 중요해 지니까 학생들도 이 점에 대비하기 위해 시골학교로 학교를 옮겨 좋은(유리한) 내신등급을 얻는 것이 좋을 것"이라는 충고를 했었다고 실토하는 장면까지 SBS 시시비비 대담에서 반영되었다.(2007.6.29.금) 여기서 문제가 되는 것은 교육부는 2004년에 이미 정부의 방침이 내신

강화로 가고 있다는 것을 공표했다는 것이고, 따라서 사회적 합의가 그때 이루어졌다는 것인데 대학측은 그런 사회적 합의가 이루어졌다는 말은 사실이 아니라고 반박한다는 것이다.

내신 비중을 50%까지 올리면 정부는 이로 인해 공교육이 향상된다는 입장을 취하고 있다. 그러나 정부는 어째서 실증적인 과학적 연구 조사의 도움도 없이 검증되지도 않은 편협한 지역균형 선발제를 불도저식으로 밀어붙이는 것인지 국민들은 이해를 못 하고 있다. 급진적인 사회주의 유럽의 여러 나라들도 대학교육의 사회주의화에 대해 후회하고 반성하고 있는 판국에 유독 우리 대한민국에서는 사회주의식 교육이 만국에 빛나는 교육제도라는 논리를 국민에게 강요하고 있다.

모든 나라의 모든 사람들이 인정하는 것은 교육은 일조일석에 이루어지는 것이 아니며 국가의 백년지대계에 속하는 대사업이다. 특히 교육은 한 나라의 문화적 수준을 반영하는 일이어서 「청와대 브리핑」도 인정하듯 학업성취도는 가정환경의 영향이 '압도적으로 크다.' (p. 9/20) 그런데 무턱대고 가정환경이 열악한 집안의 아이들이라고 해서 그 아이들의 대학행만을 염두에 두고 가정환경이 좋다는 집안의 아이들은 대학입시에서 부당한 대우를 감내해야 한다는 것을 어떻게 설명할지 매우 궁금하다. "나는 이렇게 없는 집 아이들을 위해 내가 할 수 있는 일은 무엇이든지 하고 있는데 국민들은 나를 위해 무엇을 해 줄 수 있습니까?" 마치 이렇게 말미를 만들기 위해 지금 정부는 없는 집 아이들을 위해 있는 집 아이들을 희생양으로 바치고 있는 것 같다는 생각이 든다.

교육을 선거전에 이용하기 위해 선거인 수가 많은 소위 '없는 사람들'을 자기편으로 끌어들이는 공작대상으로 하는 경우가 있다면 이는 여지없는 망국행위일 것이다. 원래 정치세력은 때에 따라 잘 바뀌는 법이지만 젊은 제2세에 대한 교육은 정치세력과는 관계없이 인간으로써 행복하게 살 수 있는 지식, 기능, 태도, 가치관 등 기본적인 인간성을 양육해 줄 책임이 있는 것이다. 그리고 문화 환경이 뒤진 것을 인위적으로 끌어올리는 작업은 우리 정권만이 할 수 있는 것이니만큼 우리 정당이나 우리 대선주자를 선출하라고 강요하는 것은 역사적으로 보아서도 독재자들만이 할 수 있었던 일이었다.

서울에서 사는 것이 법적으로 죄인이 되는 것도 아닌데 서울이라는 문화 환경에서 자라는 아이들을 시골아이들의 처지와 바꾸어 살아보라고 하는 것은 어느 나라 정치 또는 교육이념에 속하는지 알 수가 없다. 서울에서 자라는 아이들이 모조리 부유층에 속하는 것도 아닌데 (물론 부유층이라고 해서 차별이나 학대할 수 없는 것이 기본적인 인간조건이지만) 서울에 살면서 학업성적이 좋은 아이들은 이제는 그 자리를 시골 아이들에게 양보하라는 것은 말도 안 되는 것이다.

앞의 3장에서 예로 든 미국의 버싱Busing 사건의 경우, 의도한 결과를 얻지는 못했지만 흑백 양측에는 좋은 경험이었으리라 생각된다. 왜냐하면 학생들이 서로 상대방 학생들을 이해하는 데 큰 도움이 되었을 것이기 때문이다. 흑인학생들로서는 백인들의 문화생활 양식을 가까이 접할 기회가 되었다. 흑인들은 그들이 백인들과 전혀 다른 문화 환경에서 살고 있다는 것을 알게 되었을 것이고 따라서 백인들과 같이 잘살기 위해서는 무엇을 배워야 할 것인가 라는 점을 약간이나마 체험을 통해 알 수 있었을 것이다.

그러나 우리나라의 지방균형 선발정책은 도시생활을 하는 학생들에게는 지방학생들에게 대학입학자격을 빼앗긴다는 감정을 불식할 수가 없었을 것이다. 정상적인 경우 같으면 자기가 들어갈 자리를 지방학생들에게 강제로 빼앗겼다는 생각을 하게 만드는 정부에 대해 그리고 국가에 대해 애국심이 솟아날 리가 없다. 이런 감정은 오직 피해를 당했다고 생각하는 학생들뿐만이 아니다. 정상적인 일반 시민들도 피해를 당한 학생들을 동정할 것이다.

2. 미국의 사회계급

미국에서 사회계급의식이 부정적으로 작용했다면 시카고대학 같은 대학이 존재할 수도 없을 것이고 연구의 자유도 없었을 것이다. 그러나 시카고대학의 교수들은 미국의 사회계급구조에 대해 마르크스주의를 근본적으로 부정하는 연구결과를 세상에 내놓았다.[1]

　시카고대학은 이른바 대학원 대학이라고 할 수 있다. 학부는 주로 교양과목 중심으로 2년만 하고 나머지 2년은 대학원Division에 올라가서 대학원 학생들과 전문 과목을 연구한다. 학부학생의 수가 2006-07년도에 4천 4백 명이고 대학원과 전문대학원 학생 수는 약 9천 명이다. 대학원은 사회과학부, 생물과학부, 인문학부, 물리학부 등으로 나뉘고 전문대학원은 신학, 법학, 경영학, 의과대학원 등으로 분리된다.

　2년 학부를 마치면 대학원 학부에 새로운 입학원서를 내지 않고도 수강신청만으로 강의를 들을 수 있다. 그 대신 정해진 2년제 학부의 지도교수와 상담이 필요하다. 전문대학원은 진급통로가 달라서 대학과정 4년을 마친 학생들이 입학원서를 제출하고 입학전형에서 통과되면 입학이 허락된다. 시카고대학은 2년 학부 과정과 대학원학부에서 2년을 공부하면 일반대학의 4년 과정을 졸업하게 되는 것이지만, 대학원학부에서 3년을 공부하면 석사학위를 받을 수 있다. 학년제로 진급을 결정하는 것이 아니라 취득한 학점에 따라 졸업을 빨리 할 수도 있는 것이다.

　필자는 시카고대학의 대학원으로 입학이 허락된 관계로 교양과목이라고 할 수 있는 미국역사를 배우지 못했다. 미국이 어떤 나라인지도 모르고 미국에 홀로 뛰어들었으니 언어장벽과 함께 공부하는 데 많은 어려움을 느꼈다. 그러나 미국학생들이 노력하는 시간의 몇 배 노력해서 공부 따라가기에 정신력을 집중하면서 그럭저럭 해낼 수 있었다. MIT와는 달라서 공부에 시달린 학생이 자살하는 그런 학교는 아니었으나 창의력을 강화하는 대학이라는 실감을 할 수 있었다.

시카고대학의 대학원 사회과학부Social Science Division의 교육학, 인류학, 사회학, 경제학, 정치학, 심리학 등 여러 연구 분야에 입학원서 없이 학생들이 드나들 수 있는 점이 매우 신기했다. 드나든다는 말은 강의를 신청해서 학점을 딸 수가 있다는 말이다. 그래서 필자는 규정된 장학금의 한도를 넘어서 (대학측의 특별배려로) 교육학 외에 특히 인류학, 사회학, 심리학 등의 공부를 과외로 더 할 수 있었다. 원래 비교교육이 필자의 전공분야인 까닭에 여러 다른 사회과학 분야의 소양이 필요했던 것이다.

앞에서도 언급했지만 필자는 헤비거스트 교수를 알게 되면서 그분을 더 잘 이해하기 위해 타과 학문분야에 대한 시야를 넓혀갔다. 그분이 담당한 첫 강좌에서 필자는 "미국사회가 과연 계급이 없는 평등사회인가"라는 질문을 했다. 미국의 사회구조를 알아야 교육의 방향을 알 수 있을 것이라는 판단을 한 까닭이었다. 물론 미국의 역사도 알아야 했지만 사회구조에 관한 의문을 먼저 해결해야겠다는 생각이 들었다.

필자는 미국에 가기 전에 일본제국주의 치하에서 살았고 6·25때는 공산 치하에서도 잠시 살았다. 그리고 미국에 가게 되었다. 그것은 어떤 시카고대학 교수가 필자를 위해 추천서를 써 주었고 이것이 행운을 안겨 준 결과였다. 이런 일은 해방 전에 상상도 못했던 일이었다. 미국은 어떤 나라이기에 필자 같은 무일푼의 외국 청년을 무료로 공부시켜주는 것일까? 이런 생각을 하던 중에 '미국은 과연 계급 없는 지상낙

원인가' 라는 의문을 갖게 된 것이다.

1930년경부터 미국에서는 사회학자와 사회인류학자들에 의해 인구 4천에서 5만 명 정도의 작은 지역사회(소도시)에 대한 연구가 시작되었다. 그리고 1949년에서 1960년 사이에 중서부에 있는 소도시를 시카고대학과 관련이 있는 워너Warner, 홀링쉬드Hollingshead, 미커Meeker, 엘즈Eells 같은 학자들이 참여해서 연구하게 되었다. 1941년에는 유명한 '양키 시티Yankee City'라는 가명으로 인구 만 7천 명의 항구도시 연구가 워너Warner와 런트Lunt에 의해 완성되었고, 같은 해 남부에 있는 인구 만 3천 명의 '올드 시티Old city'라는 이름의 소도시에 대한 연구 결과가 데이비스Davis와 가드너Gardner 부부에 의해 발표되었다. '올드 시티'는 흑인과 백인이 1800년대에 일으킨 도시로서 '양키 시티'와 같이 역사가 오래된 곳이다.

이 학자들 가운데 필자는 워너와 데이비스 교수의 강의를 더 열심히 들었다. W. 로이드 워너 교수는 양키 시티 연구에서 두각을 나타낸 백인 교수이고 A. 데이비스 교수는 올드 시티 연구결과를 「*Deep South*」라는 저서로 출판해서 유명하게 된 분으로 시카고대학 최초의 흑인 교수였다. 이분들은 담당한 지역의 사회구조 연구에서 사회인류학적 연구방법을 개척했다는 점에서도 이름이 나 있었다.[2]

인류 사회학적 연구방법이라는 것에 대해서는 약간의 설명이 필요하다. 인류학자들은 이른바 미개사회를 연구할 때 우선은 언어가 통하지 않는 탓에 연구대상 지역에 가서 원주민들과 함께 의식주를 같이 하면서 일상적 관찰을 통해 알아내고 싶은 내용을 탐색한다. 워너와 데이비스 교수는 그런 식으로 지정된 도시에 거주하면서 많은 사람들을 만나서 이야기도 나누고 말없이 주민생활을 관찰하면서 시간을 보냈다.

질문지법을 사용해서 여론을 조사하듯 하는 것이 아니라 함께 살면서 관찰을 통해 정보를 얻는 것이다.

일반적으로 사회계급을 연구한다고 하면 대상자의 수입이나 재산을 조사할 것으로 생각할 수 있지만 이들은 주민들이 서로 누구와 왕래하고 가까이 지내는지를 관찰하며 정보를 얻는 데 주력했다. 사회계급이란 같은 사회적 지위 또는 동급, 동질의 사람들을 골라서 서로 인정을 나누고 사는 사람들의 집단으로 보는 관계로 세밀한 관찰이 필요하다.

"미국에 사회계급이 있는가?"라는 질문을 한국대학생에게 과제로 주면 영락없이 질문지법을 사용해서 의견을 물어 볼 것이다. 그러나 워너 교수는 그렇게 하지 않고 양키 시티라는 인구 만 7천 명의 동부 항구 소도시로 주소를 옮기고 그곳에 살기로 했다. 물론 연구팀 전원이 그랬던 것이다. 사회계급의 존재를 확인하기 위해서 그는 처음에 A라는 주민과 대화를 나누면서 "어떤 말로 계급을 표현하는가"를 물어보고 어떤 계급에 속하는지를 물었다. 그리고 나서 그와 같은 계급의 인사(B)를 만나게 해달라고 해서 그 사람(B)과 같은 이야기를 나누고(계급의 유무에 대해서) 나서 "A라는 사람을 당신과 같은 계급에 속하는 사람으로 인정하는가?"라고 물었다.

어떤 경우에는 한쪽 사람이 "B는 나와 같은 계급이라고 인정하지 못한다"라고 말할 때도 있고 또 인정하는 때도 있어서 생각처럼 일이 간단하지 않다. 인구 만 7천 명이 사는 소도시에서 이런 작업을 한다는 것이 얼마나 힘이 드는지는 해본 사람이나 알 것이다. 그리하여 계급도가 완성되었을 때는 구성원이 몇 명이 되는 어떤 계급인지를 알게 되었다. 그 결과 5개의 계급이 있다는 것을 알아냈다.

상층에 대한 흥미 있는 관찰이 있었다. 상층사람들은 물론 돈이 많은 사람들이지만 상층에는 두 종류가 있었다. '상의 상'과 '상의 하'가 있었던 것이다. 같은 부자들끼리 서로 다르다고 주장을 해서 알고 봤더니 전통과 연륜年輪이 같지 않았다. 쉽게 말하면 '상의 하'는 신흥부자였다. 가문을 중요시하며 전통과 연륜을 자랑하는 쪽은 '상의 상'이었다.

물론 인구 85만의 대도시를 연구대상으로 했던 연구경험자는 소도시와 달리 이런 상호평가법을 쉽게 적용할 수 없었으며, 면접과 관찰법을 사용하지 않으면 사회인류학적 방법이 되지 않아서 심층적인 계급형태를 알 수 없다고 했다. 요컨대 양키 시티에서는 모두 5개 사회계급이 존재한다는 결론을 내렸다. 상층, 중의 상, 중의 하, 하의 상, 그리고 하의 하였다.

결국 '미국은 계급사회'라는 결론을 내린 것이다. 그러나 시카고학파의 결론은 마르크스주의자들의 물질주의적 사회계급 개념을 부인하는 것이 되었다. 지배자와 피지배자라는 개념은 시카고학파의 사회계급 사전에는 없는 것이 되었다.

마르크스는 생산수단을 장악하는 지배자와 노동을 제공하는 피지배자로서 양자관계에는 항상 긴장이 감돌고 갈등이 존재하므로 이것을 제거하는 방법은 오직 노동자와 농민들, 이른바 무산계급이 단결해서 지배자를 없애버리는 수밖에 없다고 했다. 계급 간에 협력이나 협동은 없고 오직 투쟁과 먹느냐 먹히느냐의 선택밖에 없다는 것이었다. 그리고 애매한 입장을 취하는 인텔리계급에게는 무산자들에게 협력하라는 말로 동조를 구했다.

그러나 시카고학파의 실제적 연구사실에서는 이러한 갈등과 투쟁이라는 현상은 나타나지 않았다. 주민들에게 "계급이 있는가"를 물었을 때 "있다"라고 대답은 했으나 그것이 갈등과 투쟁을 야기한다는 아무 런 근거는 없었다. 그보다 미국사람들이 본 사회계급에는 더불어 산다 는 사실과 서로 직책이 다른 직장인들도 서로 의지하고 협력해 사는 가운데 생활도 나아지고 자녀들의 장래도 희망적으로 펼쳐질 수 있다 는 사실을 깨닫고 있었다. 오히려 사회계급의 존재는 자신의 사회적 지위를 아는 영리한 사람들인 까닭에 갈등과 투쟁보다는 협력과 협조 가 개인 자신에게 뿐만이 아니라 전체 사회에도 유익한 결과를 가져다 준다는 것을 확신한다.

이것이 미국사회와 공산사회가 다른 점이며 프랑스의 민주혁명이 자 유, 평등, 박애라는 입체적 정신의 산물이라는 것을 누구보다 잘 아는 국민이라는 것을 알 수 있다. 자유 없는 평등이 무슨 소용이 있는가를 잘 아는 국민이라는 것도 분명하다.

미국사회의 계층 간의 하위문화Sub-culture의 특징은 상층사람은 과거 와 전통에 살고 중층은 미래를 위해 노력하는 사람들이고 하층은 현재 를 위해 그날그날을 사는 현실적인 사람들이라고 표현했다. 물론 미국 인 전체를 아우르는 공통문화가 있지만 각 계층 간의 하위문화는 그 나름대로의 실체를 가진, 오랜 세월 쌓아올린 문화양식이다. 각 계층 문화의 구성원들은 그들 나름의 긍지와 명예를 유지하며 생활한다, 보 다 의미 있는 삶을 꿈꾸면서.

미국의 상층에 속하는 사람들은 집안이 부유하고 대개는 자손대대로 물려받은 재산이 있다. '대개' 라고 하는 까닭은 상층사람들 가운데 재 산이 없어도 혈통관계로 상층대우를 받는 사람들이 있기 때문이다. 상 층사람들의 특징은 사업을 하는 데 있어 표면에 나타나지 않고 뒤에서 모든 것을 조종한다. 이와 같은 생활태도는 중층사람들에게서는 찾아볼 수 없는 것이다.

상층사람들은 역사와 전기, 특히 자기 조상에 관련되는 전기 등에 많은 관심을 갖는다. 그리고 가옥이나 자동차 및 피서지를 선택하는 데 있어 지극히 화려해서 남의 눈에 띄는 것을 싫어한다. 이들의 독특한 생활태도는 교육에 있어서도 나타난다. 교육이라는 것을 오직 교양으로 받아들일 뿐 취직을 하기 위한 수단으로 고려하지 않는다.

상층의 여자들은 다른 계층의 사람들처럼 가정학, 신문학 또는 교육학 등에 관한 공부보다 불어, 미술, 음악 및 문학공부를 하는 것이 일반적이다. 남자아이의 경우는 경영학, 건축, 의학, 법률 또는 신학을 공부하는 수가 많다. 이들의 자녀들은 대개 사립 중고등학교에 다니게 되며 사립 명문대학에 진학한다. 이와 같은 고품격의 생활태도는 앞으로 우리나라에서도 세월이 지나면 나타날 것으로 예상된다. 미국 상층인구는 소도시 중심의 조사 결과 1-3%수준이라고 한다.

중의 상층에 속하는 사람의 약 반수는 열심히 노력해서 밑에서부터 올라간 사람들이고 나머지 반수는 부모의 계층을 유지해 온 사람들이다. 중의 상층에 속하는 사람들은 표면에 나타난 지역사회의 지도자들이다. 이들은 주로 전문직(의사, 변호사, 목사)에 종사하고 있거나 실업계의 간부생활을 했거나 하는 사람들이다.

중의 상층에 속하는 여성들은 가사 이외에 클럽, 친목회, 사회단체 등의 활동에 적극적으로 참여하고 있다. 상층 사람들과는 달리 이들은 자기 실력과 능력을 발판으로 노력한 사람들 중에서 가장 성공한 사람들이다. 이들은 중대형 주택에 거주하며 정원은 항상 말끔히 손질되어 있다.

이들에게 교육은 매우 중요하다. 이들 자신이 전문직에 종사하거나 지도자적 위치에 있는 까닭에 중의 상층에 적합한 지위를 유지하기 위해서 자녀들이 반드시 대학은 나와야 한다는 생각을 갖고 있다. 이들의 자녀는 보통 공립으로 된 중고등학교에 다니고 대학은 주립대나 사립대를 다니게 된다. 중의 상층은 소도시 연구결과를 토대로 추정한 결과 7-12%가 된다.

중의 하층 사람은 '보통사람'이란 별명을 갖는다. 그러나 이들은 하의 상층 사람들을 보통사람이라고 부른다. 중의 하층 사람들은 대개가 하급 봉급자, 판매원, 공장노동자 중 현장감독, 철도기술자, 전공 들이며 경제적으로 독립할 수 있다는 데 이들의 프라이드가 있다. 규모가 작은 농장의 주인도 이 층에 속한다고 본다. 이들의 주택은 소형이나 중형이며, 휴가 때면 자동차로 국내여행을 즐긴다.

이들 계층의 여성들은 학교 어머니회에 가입은 하고 있으나 간부는 아니다. 교육은 중고등학교만 다니면 충분하다는 생각을 갖고 있으며 이들 자녀의 3분의 1정도가 대학에 진학한다. 이들은 좋은 직업을 얻기 위해서는 학교교육이 필요하다는 것을 잘 알고 있으며, 자녀들이 온순하고 말을 잘 듣는 학생이 되기를 원한다. 소도시 인구를 상대로 추산한 중의 하층 인구비례는 20-35%이다.

하의 상층은 주로 육체노동을 하는 사람들이다. 미국에서 가장 인구 비율이 높은 사회계층이며 극빈상태를 면한 사람들이다. 하의 상층의 여성들은 공장, 상점 또는 사무실에서 일한다. 이들은 수입이 있으면 있는 대로 낭비하는 습관이 있으며, 큰 지출은 TV나 가구를 구입하는 것이다. 보험에 드는 경우, 중의 상층 사람들은 일 년치 보험료를 한꺼번에 내지만 이들은 매주 한 번씩 내는 것이 보통이다. 이들은 저축이 거의 없고 노년에 가서는 정부가 주는 연금에 의존한다.

하의 상층에 속하는 사람들은 노동조합 외에 다른 사회단체에 가입하는 경우가 없으며 남을 도와주는 자선단체 활동에도 참여하는 일이 없다. 이들은 여가를 대개 TV 시청이나 라디오 청취로 보내며 여행은 거의 하지 않는다.

하의 상층 사람은 교육의 중요성을 인식하지 않으며 자신이 받은 교육 이상으로 자녀를 교육시키지 않는 경우가 많다. 이들 중 대학에 진학하는 학생은 5-10%에 지나지 않는다. 하의 상층 인구는 소도시 기준으로 25-40%를 차지한다.

하의 하층 사람들은 경제사정으로 보아 가장 못사는 사람들이다. 동물처럼 아무렇게나 사는 사람들이라는 평을 듣는다. 여기에 속하는 사람들은 전과자나 불량배가 아니면 잡혼자들이다. 하의 하층에 속하는 사람들은 그들의 처지를 숙명으로 생각하고 늘 소극적 태도만 취하며 현재를 위해 살고 있다는 사람들이다. 이들은 극히 허술한 주택에 살며 고정된 직업이 없이 닥치는 대로 일한다. 생활이 곤란하면 종교단체나 정부의 원조를 받는데 그것을 전혀 수치스럽게 생각하지 않는다. 하의 하층에는 어느 계층보다 저능아, 지진아, 무단결석생, 불량배 등 문제아가 많다. 미국 소도시인구 5천에서 만 명을 상대로 한 연구지역의 하의 하층 인구는 전체인구의 15-25%가 된다는데, 미국 전체인구에서 차지하는 비율은 조사하기 어려운 실정이라고 한다.

시카고학파라는 개념은 필자가 임의로 지어 부르는 것이지만 이들이 밝혀낸 미국의 사회구조 개념은 특히 학교교육과의 관계에 지대한 영향을 미쳤다. 우선 워너 교수 등이 연구한 사회구조를 토대로 헤비거스트 교수는 사회구조를 유지하고 유동성을 발휘하기 위해 학교교육이 어떤 역할을 하는지 연구했다. 이 점에 대해서는 곧 자세히 설명할 것이다. 그리고 그는 비교교육센터를 개설하여 외국교수들과 유학생들을 불러들여 국제교육 유대를 강화했으며 브라질 교육에 큰 관심을 가졌다.

그리고 A. 데이비스 교수는 사회계급과 지능과의 관계를 전담하여 연구 발전시켰으며 사회계급의 영향을 배제한 지능검사에 관해 연구했고, 사회계급과 아동발달에 관해 가정에서의 훈련상황을 면밀히 조사 연구하여 하층아동들의 가정교육에 많은 시사점을 소개했다. 특히 흑인과 백인 어머니들이 각각 아이들을 어떻게 가르치는지를 비교 연구하면서 많은 시사점을 제시했다.

헤비거스트 교수에 의하면 자유민주주의 국가사회에 있어서 학교교육은 서로 상반되어 보이는 두 가지 역할을 해야 하는데, 그것은 사회를 보존하는 것과 사회를 개선하는 것이라 하였다. 사회를 보존한다는 것은 사회를 안정시키는 일로 사회 현상유지를 말하는 것이며, 다른 하나는 사회를 개선하며 사회변화를 증진하는 것이다.

개선이라는 것은 마치 학교가 모든 사람들을 위해 건강기준을 향상시키려고 교육하듯이 사회를 구성하는 구성원들을 평등하게 대하는 것이다. 그리고 모든 사회구성원들이 개별적으로 학교를 통해 보다 나은 성공의 길을 걷도록 그 길을 열어 주는 것이다. 그러자면 사람들의 능력을 공평하게 발굴해서 공평하게 향상시켜 주어야 한다.

그런데 사람의 능력과 기질은 천차만별이므로 현실적으로 잘 다루어야 하는 문제가 있다. 사회가 노동의 분업을 인정하는 한 능력을 적절하게 배치하여 사용해야 하는 것이 도리다. 이 점에 대해서는 학교교육이 매우 중요한 역할을 담당해야 하며 현재까지 충분한 지식과 방법을 축적하였으나 계속 노력해야 하는 과제를 안고 있는 것이 사실이다.

여기서 헤비거스트 교수는, 사회적으로 높은 지위를 달성한 부모들은 그들 자녀에게 어느 정도의 선점권을 허용해서 보다 용이한 인생출발을 하게 해주려는 욕구를 갖는다는 점을 지적하고 있다. 그러나 이 문제는 사회구조에 손상이 가지 않는 범위에서, 사회가 인정하는 한도 내에서 가능하다. 다행히 미국의 학교제도는 이 문제를 잘 해결하고 있다. 즉 사회적 보수성을 교육제도에 이미 충분히 반영하고 있는 것이다.

미국학제가 공립과 사립학교 설립을 인정하는 것은 교육의 양면적 기능을 의식하고 있다는 증거다. 대체로 공립학교는 의무교육을 보장하기 위해 주민들의 세금으로 운영되는 학교다. 그러나 사립학교는 이와는 다른 원칙과 목적으로 설립된 학교다. 사립학교 중에도 하층계급의 아이들을 대거 교육시키는 초중등학교들이 있기는 하지만, 사립학교가 상류층 아이들을 받는 것은 사회구조의 안정성을 유지하기 위해서라는 해석이 유력하다. 그러나 한국에서처럼 이러한 특수사립학교를 설립하는 것을 결사반대하는 교사단체는 없다.

사립학교가 많은 등록금을 받고 상류층 아이들을 교육하는 것은 사회구조의 보수적 측면인 사회 질서와 안정에 공헌한다. 그러나 이런 특수학교들은 중층 아이들에게 장학금을 제공하여 교육 유동성에 이바지하고 있는 경우도 있어서 유동성과 안정성의 문제는 학교당국이 하기에 달려 있는 것이 사실이다.

일반적으로 단선형학제는 사회변화에 공헌하는 것으로 인정한다. 단선형학제란 대체로 1학년부터 12학년을 거쳐 대학을 졸업하기까지 하나의 수직선을 따라 진급한다. 그러나 복선형학제는 초중학교는 다 같이 시작하지만 중간에 고등학교에 진급할 때는 대학으로 가는 길과 실

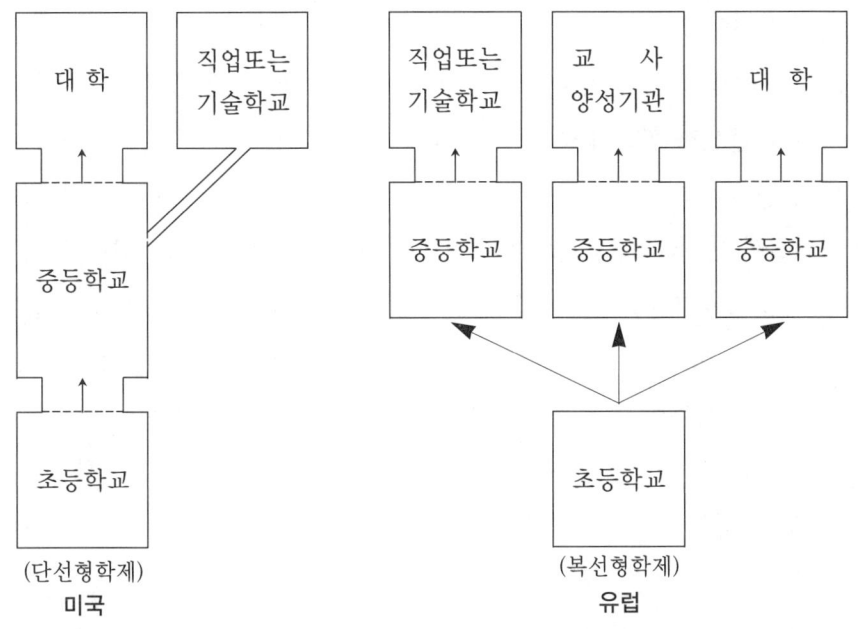

그림 1 단선형학제와 복선형학제

업학교로 가는 길로 진로를 나누어 한쪽을 선택하면 다른 쪽으로는 갈 수 없도록 하고 있다. 결국 대학으로 진학하는 길을 제한한다는 의미가 된다. 이렇게 해야 사회의 질서가 잡힌다는 이야기다.(그림 1 참조)

　대체로 미국학제는 단선형이고 유럽학제는 복선형이란 인식이 있으나 정확한 사실은 아니다. 미국학제도 고등학교로 진학할 때 복선형을 취한다. 인문고와 직업고로 가는 길이 나누어져 있기 때문이다. 그러나 미국은 다른 유럽나라들에 비해 대학진학의 길을 늦게까지 열어두고 있다. 그래서 미국학제가 단선형이라는 인식이 강하다. 그러나 미국의 고등학교도 대학준비교육에서 중상층 배경의 학생들에게 유리하도록 수학과 외국어 등의 학과목을 중심으로 전통적 교과과정을 편성하고 있는 까닭에 하층 아이들에게는 대학입학 준비교육이 힘에 부치는 것이 사실이다.

종합고등학교는 한지붕 아래서 여러 갈래 교육과정을 설치하고 있는 까닭에 단선형 학교체제를 유지하려고 노력한다. 이런 타입의 학교는 여러 층의 사회계급 가정에서 학생들이 모여들면 하층 아이들은 중층 아이들과 만나서 중층문화가 무엇인지 배우게 되는 기회도 있어서 이런 이유로 사회구조 변화, 즉 민주화교육에 공헌한다고 할 수 있다. 동시에 하층 아이들이 자동차기술이나 인쇄기술과목을 택하다 보면 자연히 같은 하층에서 온 학생과 의기투합하여 결국 사회구조 유지에 한몫을 하는 결과도 된다. 즉 학생들이 과목을 택할 때 한쪽으로 치우치다 보면 하층 아이들끼리 한곳으로 모이게 되는 결과를 초래할 수도 있다.

고등학교 학생들에게 사회적 상승Social upward mobility, 즉 출세와 성공의 기회를 갖도록 하려면 각 사회계급의 아이들이 서로 만나고 사귈 수 있게 해주는 것이 가장 바람직하다. 따라서 고등학교 학생들이 과외활동시간에 어떤 활동, 어떤 클럽, 어떤 집단을 택하여 참여하느냐가 중요하다. 물론 어떤 기회를 잡아 활동하면서 자신의 재능을 보여주느냐에 따라 성공의 기회는 각자 다를 수 있다는 것을 학생들은 알아야 할 것이다.

외국유학생은 미국학교의 이질적 집단이 여러 가지 장점과 기회를 제공한다는 미국교수들의 말을 잘 이해하지 못하는 경우가 많다. 그러나 곰곰이 생각해 보면 이러한 이질적 집단의 집합 장에서 대단한 교육이 진행된다는 것을 알 수 있다. 왜냐하면 생활습관과 문화는 교과서를 통해서 배우는 것보다 실제 생활환경에서 더 많이 배울 수 있기 때문이다. 이러한 면에서 미국식의 새 교육이념과 '행동을 통한 교육

Learning by Doing' 의 장점을 알 수 있다. 미국교육의 강점이 바로 여기에 있다.

 학교차 또는 계층 간의 격차가 있다는 것은 마음먹기에 따라서는 사회계층 간의 문화적 교류를 촉진시킬 수 있는 계기이기도 하다. 하층 아이들은 중상층의 아이들로부터 그들이 모르는 것을 배우고, 중상층 아이들은 하층 아이들로부터 배울 것이 많다고 생각하는 것이 미국과 같은 이민족과 계층차가 있는 사람들이 한데 어울려 사는 사회의 장점이라고 할 수 있다.

 "정치, 경제에 다소의 혼란이 있고 나라가 가난해도 튼튼한 교육만 있다면 절대로 나라가 망하지 않을 것"이라고 부르짖던 일본의 어느 학부모의 말을 새겨들어야 할 것이다. 왜 한국의 마르크스주의자만이 그렇게도 초지일관 '학교차 절대반대' 의 입장을 못 버리는지 한심하기 짝이 없다.

3. 한미 양국의 대학입학제도 비교

미국의 학제는 단선형에 속하지만 진학경로에 있어서는 공립과 사립의 두 갈래로 구분된다. 사회구조의 항구성과 유동성에 공헌한다는 의미에서 공립학교는 의무교육의 일환으로 1학년부터 12학년까지의 학비가 면제된다. 그러나 사립의 경우는 등록금이 부과되고 이른바 '가진 집' 아이들이 원하는 학교에 지원입학해서 초등학교(1-8학년)와 고등학교(1-4학년)에 다니게 된다. 공립과 사립학교가 같은 12학년 수업기간이지만 사립에서는 등록금을 부담한다는 데서 다르다.

대학에 진학할 때도 여유가 있는 집안에서는 자녀들을 등록금이 비싼 사립대학에 보내고 재정적인 이유가 아니더라도 원하는 학생은 등록금이 싼 공립(주립)대에 진학하게 된다. 대학에 진학할 때의 절차는 별로 다른 점이 없지만 주립대 입학지원 때는 CAT, 사립대의 경우는 SAT검사 성적을 제출해야 한다. 이 두 검사는 전국을 대상으로 하는 까닭에 표준화검사인데 검사명칭이 다르다는 것 외에 검사의 내용과 수준에서 차이는 없다. 그러나 양쪽 진학진로가 사회계층의 격차를 심화시키는 것이 아니냐고 이의를 제기하거나 항의하는 학생이나 학부모가 없는 것으로 미루어 보아 모든 국민이 이 제도를 아무 문제없이 받아들이고 있다는 사실에서 자유민주국가다운 면모를 볼 수 있다.

미국의 자유민주주의 체제는 사유재산을 인정하고, 가진 사람들이 자녀 교육에 있어서 남들보다 유리한 인생출발을 할 수 있도록 사립학교와 같은 특수학교에서 교육받게 할 '권리'가 있다는 것을 기쁨으로 여긴다. 그러나 한국에서는 사정이 다르다. 교육기회의 민주화에 따라 학생인구가 엄청나게 증가하는 시대를 맞이하여 사회계층이동에 대한 욕구와 희망 또한 끝없이 팽창하여 각급 학교의 입시경쟁이 치열해졌다. 그러나 한국의 위정자들은 이 중대한 문제를 지금까지 제대로 인식하지 못했다. 교육의 민주화와 교육기회의 평등에 대해서는 크게 환영하면서도 교육의 질적 발전에 대해서는 그 방책을 찾지 못하고 우왕좌왕 방황만 했다. 그러다가 1970년경부터 계획하던 평준화시책이란 것을 1974년에 드디어 내놓았다. 그러나 역시 우려한 대로 교육의 수월성 유지와는 반대되는 일방적 평준화시책을 제시한 것이었다.

평준화정책은 무엇보다도 자유경쟁을 백안시하여 이것을 방지하는 데 초점을 두었다. 초등학교에서 중학교로 진학할 때 입학시험을 없앴고, 중학교에서 고등학교로 진학할 때 거쳐야 했던 입시를 철폐했다. 입시라는 경쟁이 '있는 집' 아이들에게만 유리하다는 해석이 입시제도를 없애는 데 큰 영향을 끼쳤다. 그래서 학교교육이 평등주의적 민주화교육에 치중하게 된 것이다.

그 방법으로 중학교에서 고등학교로 진학할 때 종전에 하던 필답고사는 없고 중학교 내신성적만으로 전형한다는 것이다. 물론 학과목 성적이 내신서에 기재가 되지만 원점수에 기초한 순위백분률을 참고해서 고교에서 받아줄 수 있는 정원만큼만 각 고등학교에 무작위 선정해서 배정하는 것이다.

대학에 진학하는 데 있어서는 수능시험성적과 학교 내신성적을 제출하도록 되어 있지만 수능시험의 점수는 보여주지 않고 전국 대상의 표준화검사인 수능시험성적을 분식화장해서 1-9등급으로 분류한 것만 보이게 된다. 이렇게 되면 모든 학생의 성적은 1-9등급의 성적보유자로 둔갑하므로 대학으로서는 학생들의 성적우열을 가려내기가 매우 어렵게 되는 것이다. 그리고 학교 내신성적은 전국적으로 표준화되어 있는 것이 아니어서 대학들은 이것을 변별력 있는 전형자료로 사용하기 위해서 고등학교 등급표를 단독으로 만들어 사용하려 했지만 교육부가 불법이라고 제지하는 바람에 총장들이 견책당하는 일이 벌어졌다.

　서울대의 경우는 국립대인 관계로 정부의 지휘감독을 용이하게 피할수 없는 입장이므로 전국고교의 학교단위별 순위백분률이 1위인 경우도농의 구별 없이 1위 대우를 하라는 지시에 역행할 수가 없어서 모든 1위를 우대하는 바람에 지방학생들이 서울대 합격의 행운을 잡았던 적도 있었다. 그러니까 서울명문고의 1위와 지방고교의 1위가 동급으로 인정되어 합격의 영예를 차지했던 것이다.

					대학	4
	4년제					3
			2년제			2
						1
자립형사립	특목고	인문계	실업계	직업계	고등학교	3
						2
						1
국제중학교		의무교육			중학교	3
						2
						1
사립초등학교		의무교육			초등학교	6
						5
						4
						3
						2
						1

그림 2 단선형학제

이러한 상황에서 각 대학들은 엄한 규제를 피해 논술시험을 유일한 변별 자료로 이용하면서 그 출제방법과 채점비중을 매년 변경하는 묘수를 쓰고 있다. 그에 따라 대학입시학원들은 앞 다투어 논술시험에 대비하는 특별학습프로그램을 개발해서 고등학생들을 유치하기 시작했고 결국 많은 학생유치에 성공했다.

우리나라의 경우는 **그림 2**에서 보는 바와 같이 특수사립학교의 존재가 무의미하여 대학부속 사립초등학교 등 이름있는 초등학교가 전국에 59개교나 있지만 여기서 배출되는 졸업생을 받아줄 후속 중학교가 마땅치 않다. 그렇기 때문에 교육청에 신청해서 의무교육의 일환인 중학교로 갈 수 있게 배정을 받아야 한다.

등록금도 비싼 이런 학교들을 허가해 놓고 이 학교 졸업생들의 진로를 막는다는 것은 형식적 평등주의 또는 포퓰리즘의 극치라 할 수 있다. 진정한 자유민주주의 국가라면 이러한 차별은 없어야 하며, 가진 자나 못 가진 자의 자녀들이 공평하게 교육받을 수 있는 기회가 주어져야 할 것이다.

사립학교 가운데 명문 고등학교로 부상한 학교는 현재 56개교가 있다. 특목고(특수목적 고등학교)에는 외국어고가 29개교, 국제고 2, 과학고 19, 자립형사립학교 6개교가 있다. 이들 학교는 입학할 때 시험을 치러 우수학생을 선발하고 재학 중에 열심히 가르친 덕분에 그 중에 가장 많은 서울대 합격생을 낸 학교들이 있다.

자녀를 이런 고등학교로 보내겠다는 일념으로 이들 학교에 학생을 많이 보낸 중학교를 찾아 아이를 입학시키고, 또 이런 중학교에 입학할 수 있는 지역으로 이사를 가거나 주소지를 바꾸는 일들이 생기는 바람에 그런 지역의 아파트값이 폭등하는 현상까지 일어났다. 그러나 내 돈으로 내 자식 잘 키우겠다는데 무슨 말이 많으냐고 해도 할 말이 없다. 그러니 이런 학부모들을 위해 우수한 중학교나 고등학교를 사비로 건립하는 것도 나쁠 것이 없지 않느냐는 말도 나온다.

우리나라는 아파트와 대학입시 문제로 나라 전체가 상상조차 하기 어려운 고충을 겪고 있다. 근본문제는 색깔논쟁으로 인해 가야 할 방향을 잡지 못하는 데 있다고 본다.

교육문제로 말하자면 미국처럼 교육이념이 확고하게 정해진 사회에서는 어떤 입시제도가 사회계급구조의 안전과 변화를 동시에 조화롭게 발전시켜 나가는 것인지가 명백해진다. 왜냐하면 학교는 학생과 학부모들이 원하는 입학전형제도를 어떻게 운영하면 모든 국민들, 즉 모든 사회계급 출신의 부모와 그 자녀들을 만족시킬 수 있는가를 알기 때문이다. 학교는 사회적 상승의 길을 어떻게 공평하게 개척할 수 있는가를 정하면 되는 것이다.

우리 한국에서는 객관적 점수만이 입시부정을 방지하는 방법이라고 여긴다. 그러니까 면접도 점수로 매겨서 이용하고 논술도 점수화해야 한다. 미국에서는 면접과 논술을 점수화한 것을 '시험자료'로 사용하지 않는다. 5-6분으로 한정된 시간에, 그것도 집단적 면담에서 면접교수가 무엇을 어떻게 평가하는 것인지 그 의도와 방법에 신뢰를 갖기 어렵다.

그리고 정부방침 때문에 확실한 변별력을 지닌 자료를 갖지 못해 고육책으로 논술시험을 보는 것일 뿐 이 모든 것이 점수를 매기기 위한 점수 채집에 불과하다. 수능시험의 원점수를 제대로 이용해서 변별력을 찾으면 될 것을 수능점수를 무리하게 등급제로 만들어 변별력 찾기에 찬물을 끼얹고 있으니 이는 결국 학생들만 괴롭히는 것이다. 이런 방식은 우리나라 입학제도와 나아가서는 대학 자체의 품격을 형편없이 떨어뜨리는 일이 된다.

미국의 경우는 입학원서에 '왜 우리 대학을 선택했는지 그 이유를 설명하라'는 정도의 글을 요구해서 전형에 필요한 참고자료로 이용하는 것이 관례다. 그리고 면접은 대학입학처에 나와서 입학처 직원의 면접을 받으라는 요구가 있거나 대학측에서 날짜를 정해 교수 한 분이 입학지원 학생이 사는 도시를 찾아갈 것이니 그때 면접을 받으라는 관례가 있을 뿐 면접내용을 점수로 환산해서 자료를 사용하는 경우는 없다고 본다.

필자의 아들이 미국에서 MIT에 원서를 냈을 때, 대학에서 편지가 오기를 입학지원자가 거주하는 도시에 사는 MIT졸업생이 면접을 담당할 것이니 그리 알라는 것이었다. 그러자 면접을 담당하게 되었다는 사람이 초대장을 보내왔다. 몇 월 며칠에 부모와 함께 자기 집으로 오라는 것과 다른 지원자 5명도 그날 부모와 함께 올 것이라는 내용이었다.

그래서 그날 갔더니 그 면접담당자는 간단한 다과를 준비해 놓고 아내와 함께 우리를 맞이했다. 그 면접관은 MIT를 졸업하고 설계사로 일하는 회사중역이었다. 두세 시간 정도 그 집에 머물면서 그 사람은 물론 다른 입학 지원자들과도 이야기를 나누었는데, 그것은 면접이라기보다 주인이 손님을 맞아 대접하는 분위기였다. 그런 다음 돌아왔는데 우리는 그 '면접내용'이 입학에 얼마나 또 어떻게 작용했는지 매우 궁금했다.

MIT는 지금 서울에서도 MIT에 지원한 한국학생들을 면접하는데 그 일은 MIT 서울 동창회 지부의 간부들이 위임을 받아 한다. 이번에 필자의 아들이 서울에서 MIT지원 학생들을 만나 이야기를 나누고 '보고서'를 쓴다고 하는데 그 보고서가 어떤 내용인지는 아직 물어 보지 못했다.

그런데 면접이나 '입학지원 동기서' 같은 것들은 대학입학처의 담당 직원들이 읽고 참고자료로 활용은 하겠지만 합격여부를 좌우할 만한 특별사유가 없는 한 그것이 입학에 결정적 영향을 주는 것은 아니라고 생각한다. 합격에 결정적 영향을 주는 것은 SAT(Scholastic Aptitude Test, 수능시험:주로 영어와 수학) 점수다. 물론 내신성적도 참작하지만 미국의 고등학교들도 학교차가 심한 까닭에 (한국에서는 3불 가운데 하나인) 고교 줄세우기를 해서 각 학교의 성적을 평가한다. 이 두 가지는 수치로 환산할 수 있으므로 이를 합친 점수를 토대로 합격권을 정하고 입시전형 작업을 끝낸다.

지난 4월 9일(2007년) 노무현대통령이 EBS와의 대담에서 3불 정책을 폐지하면 교육의 위기가 온다는 이유로 종래의 입장을 고수했다. 그러나 평준화를 계속 유지하는 것이야말로 교육의 위기를 초래하며 나아가 국가의 위기까지도 초래할 수 있는 위험천만한 정책이다. 이 문제는 국가사회의 구조와 성격을 결정짓는 일이다. "부잣집 아이들은 대학에 가고 그렇지 않은 아이들은 대학에 못 가고, 부잣집 아이들만 대학 나와 요직을 점할 것"이라는 요지의 담화라면 그것은 큰일을 자초할 일이다.

대통령의 교육적, 정치적 이념이 이러하다면 부자들은 우리 사회에서 사라져야 할 것이고 사라지지는 않더라도 그동안 못 살던 사람들이 가진 사람들 때문에 고통받던 만큼 우선 자식들 교육에서 고통을 받아 보라는 것이 아닌가 싶다. 일국의 자유민주국가 대통령께서 이런 말씀을 한다는 것은 걷잡을 수 없는 국가혼란을 초래할 일이다.

본고사는 절대로 안 된다. 이는 필자도 같은 생각이다. 대학 본고사는 수능 등급제, 고교 내신성적, 논술을 학력고사로 대용하지 말라는 정부의 엄격한 제지로 인해 대학 측이 고민 끝에 내놓은 대안이다. 대학이 직접 필답시험을 관장한다는 것은 미국에서와 같이 SAT검사를 맡아서 해주는, 말하자면 모든 사회활동이 분업화되는 현대사회의 추세에도 안 맞고 대학이 교수와 연구라는 본연의 사명을 방해하는, 시대정신에도 위배가 되는 까닭에 본고사는 대학자율과는 연관이 없는 것으로 쳐야 한다.

평준화 시책에 따라 고등학교까지 추첨으로 입학생을 받아 고교 3년 동안 학생들의 수학능력과 인성을 책임진다는 교육목표는 바람직하다. 고등학교 당국과 교사들이 노력한다면 불가능한 일이 아니다. 그러나 대학교육은, 2년제 전문대학은 제외하고, 글자 그대로 대학교육이지 일반 교육이 아니다. 대학은 대학다운 교육을 해야 하는 곳이다. 그런데 대학이 입시와 관련된 사무에 개입한다는 것은 그 품격에도 맞지 않는다.

여기서 언급해야 할 것이 SAT(주로 사립명문대에서 수용) 또는 CAT(주로 주립대에서 수용) 검사의 '표준화'라는 성격이다. 미국에서도 각 고등학교가 제출하는 내신성적의 문제점은 학교차 때문에 변별력이 부족하다는 것이다. 지방고교와 도시 소재 명문고교의 학교차이라는 문제를 해결하기 위해 각 대학이 고교 줄세우기를 하는 것은 미국에서는 공인된 변별방법이다. 표준화 검사는 전국 고교생을 대상으로 실시하는 까닭에 성적 분포가 지역적이 아니라 전국적이라는 강점이 있다.

우리도 표준화된 수능성적을 1등에서 9등까지로 등급화하지 말고 원점수대로 사용한다면 그 이상 확실하고 믿을 만한 성적은 없을 것이다. 우리나라는 대학 본고사 시행을 불허하는 교육부의 처사는 개별 대학의 대학자율권을 침해한다는 논리를 내세운다. 그렇다면 본고사를 치르지 않고 SAT검사에 의존하는 미국대학이 대학자율권을 박탈당한다고 생각하는가? 그렇지 않다. 본고사라는 사무적 잡무를 끌어들여서 교수들을 괴롭히는 일이 대학의 자율권을 해치는 일이라고 왜 생각하지 못하는가. 참으로 이해하기 어렵다.

본고사를 시행하려면 시험과목을 선정해서 출제하고, 시험감독과 채점 등의 작업을 해야 한다. 여러 대학에서 수십만 지원자가 이렇게 본고사를 치르려면 각 대학에서 시험관리에 필요한 인력과 소요되는 경비는 엄청날 것이다. 표준화 검사를 채택하면 대학이 이렇게 과중한 경비와 인력을 굳이 낭비할 필요가 없는 것이다. 그런데 대학들은 이런 이점을 마다하고 독불장군처럼 구시대 관습을 되찾으려 한다.

요컨대 필자는 본고사(3불 정책이라 반대하는 대학들이 줄을 서겠지만)를 우리나라 대학입시 문제의 해결책으로 내세우는 것에 적극 반대한다. 요즘 대선을 앞두고 국민 절대 다수의 의견이 경제를 살리는 것이라 한다고 한다. 그러나 경제를 살리려면 자유시장경제의 원칙을 따라야 한다고 경제전문가들은 외국인의 목소리까지 등에 업고 주창한다. 요지는 경제활동에서도 규제를 풀라고 하는 말인데 교육문제도 마찬가지가 아니겠는가? 자유 대학을 표방하는 우리 대학들이 본고사를 고집하는 것은 쓸데없는 규제를 자진해서 도입하는 일밖에 되지 않는다.

교육정책에서도 3불 규제 같은 것을 정부가 풀어야 한다는 말인데,

단순한 3불 규제가 아니라 정치원리를 교육에다 적용하는 사회주의 교육이념에서 한국교육을 해방시키는 일이 중요하다. 경쟁이 사회계급 간의 격차를 벌리고 불평등사회를 초래한다는 대중주의 철학에서 우리는 하루 속히 벗어나야 한다. 학교차를 인정하는 것이 자본주의 논리고, 경쟁이 '없는 자'를 더욱 못살게 한다는 생각은 이치에 맞지 않는다.

경제를 살리려면 경제운영원리에 따라 아파트값을 안정시켜야 하는데도 불구하고 사회주의 원리에 따라 포퓰리즘에 영합한 즉흥적 치료법에만 의존하고 있다. 이 점은 현 정부의 4년간의 업적을 보고 불만을 터뜨리는 국민의 목소리가 아닌가. 교육도 마찬가지다. 경제에서 규제를 풀라고 경제전문가들이 외치듯 교육에 있어서도 사회주의이념에 따라 학교교육을 통제해서는 안 된다. 따라서 본고사말고 정부에 요구할 규제풀기 방도는 더 영리하게 생각해서 제출해야 한다.

기러기 아빠들을 어떻게 구제해서 모든 국민들이 함께 경쟁사회를 이끌고 미래를 향해 싸움 없이 잘 살아 나가야 할지를 모색해야 한다. 색깔논쟁을 하지 말고 잘살아 보자는 좌파정당이 편협한 정치이념을 포기하지 않고 학교차를 인정하지 않겠다는 교육정책을 계속해서 펴나간다면 국민들은 누구에게 불만을 호소해야 한단 말인가? 색깔논쟁을 하지 말자는 참뜻이 이제 우리 사회는 사회주의정권이 들어섰으니 잔소리 말고 좌파정부가 하자는 대로 하라는 뜻이라면 이는 크게 잘못된 일이다.

계급을 초월해서 다 같이 (모든 국민이 다 같이) 만족하며 살 수 있어야 비로소 이것이 진정한 인간사회가 된다. 노동자와 농민만이 잘사는 나라를 만들어서는 안 된다.

결국 대학수능시험이 개인차와 학교차를 인정하는 까닭에 계급차가 심화되고 악화된다는 말은 잘못된 인식에 근거한다. 사회는 원래 불공평하다. 그러나 능력 있는 학생들이 학교교육을 통해 사회적 계층상승을 이룰 수 있는 기회가 주어진 나라라면 공평한 나라다. 지금 이대로의 고교평준화만이 아니라 대학평준화시책까지 밀고 나간다면 우리나라의 앞날이란 없는 것이다.

근본적으로는 대학입시도 무시험 전형제로 되는 것에 찬성할 수 있다. 그러나 이것은 대학에 제출하는 수능시험결과가 원점수라야 한다는 것과 내신성적은 종전대로 하되 대학이 원하면 석차배분율을 표시할 수 있어야 한다.

물론 보습입시학원이 번창한다는 소식에 불안해하지 않는 사람은 별로 없을 것이다. 그러나 자립형 사립초중고가 학습지도를 제대로만 한다면 아이들이 학원을 찾는 일은 없을 것이다. 들리는 말에 의하면 특목고 학생들은 학원을 찾는 일이 별로 없다고 한다. 원래 공부를 잘하는 학생들만 뽑았으니 그렇기도 하겠지만 학교에서 받는 수업으로 충분하기 때문에 학원에 다니며 '보충' 할 필요가 없다는 것이다.

이렇게 자립형 초중고교가 학교 학습을 제대로 시킨다면 학생들이 굳이 학교 밖에서 학업보충을 할 필요가 없을 것이다. 그렇게 되면 학원문제, 사교육비문제는 해결될 것이다. 또한 공립학교에서도 사립학교에 지지 않겠다고 경쟁적으로 노력만 한다면 큰 성과를 올릴 수가 있을 것이다. 학원문제는 강압적, 법적 규제보다는 자발적 쇠퇴를 유도해야 할 것이다. 학교교육이 제자리를 잡아서 정상교육을 한다면 학원교육은 죽는 것이 아니라 사라질 것이다.

4. 미국의 대학입학전형 위원회

유학생들은 대학내부에서 입학사정회가 어떻게 진행되는지 알 수가 없다. 그래서 여기에 대학 입학전형 위원회가 어떻게 진행되는지 그 내용을 하나 소개하려 한다. 여기 소개하는 사례는 미국 동부에 자리 잡은 어느 명문대학의 경우다.[3]

미국의 대학입학전형제도는 우리의 입장에서 보면 매우 신기한 제도이기도 하고 어느 면에서는 부러운 제도이기도 하다. 그래서 미국의 입학전형 위원회에 관해 그 조직이 어떻게 운영되는가에 대해 좀더 자세히 알아보자.

학업성적은 도외시하고 인성면에만 치중해서 합격 여부를 결정하는 것일까? 외부(동창회) 압력에 대해서는 위원회가 어떻게 대처하며 위원회는 과연 그와 같은 압력을 이겨낼 수 있을까? 위원회의 기능을 살리는 힘은 과연 어디서 나오는가? 그와 같은 제도를 우리나라에 응용할 수 있을까?

이러한 의문들을 염두에 두고 ○대의 대학입학전형 위원회에서 벌어졌던 숨은 이야기를 알아보도록 하자. 우선 ○대의 대학입학전형 위원회의 구성내용과 내부활동에 대해 알아본다. ○대는 미국 동부에 자리잡은 역사 깊은 사립 명문대학에 속한다. 1980년대 어느 해 이 대학의 입학지원자는 3,707명이었다. 전년도보다 3%가 증가한 숫자다. 등록금이 점차 비싸지는 시점에서 만 17세 이하의 지원자가 전년도보다 늘었다는 것은 이 대학의 명성이 그대로 유지되고 있다는 것을 의미한다. 입학 모집정원은 600명으로 전년도보다 약간 줄어든 숫자인데, 그 까닭은 타교로 전학가는 학생수가 줄었기 때문이다. 600명의 신입생을 받아들이기 위해서는 약 1,275명의 학생을 합격시켜야 한다. 다시 말해서 입학통지를 내보내는 학생수는 1,275명이지만 이중에서 실제로 등록할 것이라고 예상되는 학생은 47%에 해당되는 600명이다.

미국에서의 합격자 발표는 한국과는 좀 다르다. 한국은 1차로 입학정원수에 어긋나는 일없이 그 정원수대로 합격자를 발표한다. 미등록자가 있으면 그때 가서 정해진 순서대로 보결생을 발표한다. 그리고 보결생 중에 미등록자가 있으면 또 보결생을 정한다. 이와 같이 합격자 발표방법도 사회와 문화에 따라 다르다. 그러나 국제 경쟁력 강화라는 입장에서는 어떤 방법이 더 시장원리에 합당한가를 따지게 된다. 미국식 방법은 대학의 자율성을 보장해 준다. 한 해에 등록학생 수가 정원을 초과하면 다음 해에는 정원을 조절하여 적게 뽑는다. 한국식은 한 해에 정원 초과해서 신입생을 모집했다고 하면 총장이 시말서를 써야 할 판이다.

참고삼아 미국 주요대학의 신입생 등록상황을 보면 다음과 같다. 즉 합격통지서 발송 후에 실제로 등록하는 학생수의 비율이다. 콜롬비아 대학 43%, 트리니티대학 34%, 콜게이트대학 34%, 스워스무어대학 41%, 하버드대학 75%, 예일대학 60%이다.

여기서 보면 합격자들이 하버드대학을 선택하는 비율이 가장 높다. 예일대는 하버드대학 다음으로 그 비율이 높지만 매해 약 300명 가량의 예일대 합격자가 하버드대로 빠져나간다고 한다. 이처럼 대학 차는 어느 나라에서 있는 법인데 유독 우리나라에서는 이와 같은 차이를 사립대 측이 나서서 '비밀'에 붙이려고 안간힘을 쓴다.

요컨대 ○대에서 3,707명의 지원자 중 2,130(57%)명에게는 불합격 통지를 발송하게 되어 있으며, 합격자로 통지할 1,275명의 지원자는 아직 결정이 되지 않고 있었다. 왜냐하면 심사를 해야 할 문제 있는 125명의 지원자에 대해서 대학입학전형 위원회가 합격 여부를 결정할 과제가 남아 있기 때문이었다(위원회는 125명의 반수를 합격시켜서 총 합격예정자 1,275명을 만들 예정이었다).

위원회는 겨울방학을 이용해 소집되며, 5일 동안 하루에 25명씩을 상대로 면밀한 토론과 심사를 벌인다. 위원회는 입학처장을 포함해서 11명으로 구성되는데, 6명이 입학처의 전문직 직원이고, 5명만이 교수다. 아마도 한국의 경우라면 교수 아닌 사람 6명이 위원회를 '장악' 하고 있다면 큰 변이 일어날 것이다.

모든 지원자에 대한 기초작업은 입학처에서 수행된다. 입학서류들은 파일로 만들어지고 필요한 통계자료를 작성하는 임무가 입학처에 부여된다. 파일에는 고교에서 보내온 성적표와 교사추천서 등이 들어 있고, 입학지원서, SAT 성적, 에세이(자신의 인생관과 철학을 나타내는 작문), 건강진단서, 입학처 직원의 학생면접 보고서 등이 수록되어 있다. 이 모든 자료들을 기초로 이해하기 쉽게 통계처리하는 것이 입학처의 일이다.

125명의 학생 가운데 도로시 앤더슨Dorothy Anderson이라는 여학생이 있었다. 이 학생은 동창회 보고의 대상이 되었던 여학생으로 125명의 문제학생 중에 포함되어 있었던 것이다. 입학처로서는 이 학생을 독단적으로 합격자명단에 포함시킬 수 없었다. 이 학생이 문제가 된 것은 성적으로는 합격권에 들어갈 수 없는데도 불구하고 텍사스의 달라스시의 동창회 측에서 이 학생을 반드시 합격시키라고 압력을 가해 온 까닭이었다.

앤더슨의 아버지는 그 지방의 유력한 변호사였다. 이 여학생은 심리학을 전공하고 싶어 했지만, 성적으로 봐서는 우수학생이라고 할 수 없는 중간정도 성적의 보통학생이었다. 그 여학생은 말[馬]을 좋아해서 승마를 잘 했으며, 승마경기가 있으면 국내 어디든지 부모와 구경 다니기를 좋아하는 학생이었다. 보석에도 취미가 있어서 보석상에서 시간제 아르바이트를 하고, 일을 해서 받은 돈을 모아서 여행경비를 만들기도 했다. 운동경기에서 치어리더로도 활동하고 있었다. 자신의 학교성적이 중간 이하라는 것을 잘 알고 있는 그 여학생은 ○대 입학에 성적이 장애가 될 것도 잘 알고 있었기에 입학위원회에 자신의 입장을 쓴 편지를 보냈다. 그 여학생은 학교 성적만이 대학입학에 유일한 기준이 되는 것은 아니지 않느냐고 주장하면서 자신이 사회적 성숙도가 높다는 사실을 내세웠다.

위원회에서 그녀의 학교 성적을 보니 영어 D, 화학 D, 수학 C, 역사 C 등을 받은 기록이 있고, 단 하나의 A학점은 미술에서 받았다. 교사 추천서에도 미술이나 음악에는 소질이 있다고 적혀 있었다. 대학은 동창회로부터 이 학생을 합격시키지 않으면 좋지 않을 것이라는 협박조의 편지를 받은 바가 있었다. 그 학생의 영어교사가 쓴 추천서에는 '문학작품을 이해하는 데는 문제가 없으나 정확한 지적 분석능력에는 둔한 편이다'라고 솔직하게 평하고 있었다. 좋은 평가를 주려는 노력은 엿보이나 사실상 성적이 나쁜 것은 숨길 수 없다는 것이 영어교사의 추천서에도 나타나 있었다.

입학처장은 이 여학생을 동창회에서 왜 그렇게 적극 지원하는지 그 이유를 알 수 없다고 실토하면서 4, 5년 전에 그 동창회가 새 미술관 건물을 대학에 기증한 사실을 공개하고 어떻게 하면 옳은 판단이 될지 모르겠다고 위원회의 도움을 호소했다.

위원회에서는 동창회의 면접보고서가 상식 이하의 졸작이라고 평하면서 동창회에 면접을 의뢰하는 것은 현명한 처사가 아니라는 성토까지 나왔다. 인정人情이냐 성적이냐? 위원회는 대학의 명예를 유지하기 위해서라도 후자 편이었다. 그러니 입학처장의 고민은 만만치가 않았다. 그러나 위원회는 앤더슨이란 여학생을 불합격시키기로 결정했다.(표결의 결과는 알 수 없었다.) "우리의 혼을 돈과 바꿀 수는 없다"라는 것이 위원회의 결정이었다.

○대학의 입학전형 위원회 회칙에는 다음 두 가지가 명시되어 있다. 첫째는 모든 위원이 한 사람도 빠짐없이 출석해야 토론할 수 있고 또 투표할 수 있다. 둘째는 전형위원은 토론 끝에 가서 합격 여부를 투표한다. 거수투표다. 투표에서 가장 많은 표를 얻은 학생이 합격이 되며, 투표가 끝나면 그것으로 끝난다. 재투표는 허용되지 않는다.

입학처가 125명을 위원회에 회부하여 그곳에서 최종결정을 내리도록 하는 것은 나머지 합격후보자는 이미 아무런 문제없이 합격권에 들어갔다는 것을 의미한다. 이것은 사실상 기계적인 전형과정에 불과하다. 왜냐하면 SAT와 같은 표준화검사의 성적과 학업성적으로 그 석차가 쉽게 정해지기 때문이다. 문제는 SAT성적과 학교 성적을 어떤 기준으로 합산하는가 인데 이것은 정해진 규칙에 의한다.

우리나라는 과거에 학과성적을 수, 우, 미, 양, 가로 표시하거나 100점 만점을 기준으로 채점한 본래 점수Raw Score로 표시했다. 그러나 미국식 평가법을 도입해서 대학에서는 포인트제가 실시되었다. A는 4, B는 3, C는 2, D는 1로 수량화함으로써 전체 평균이 3.5 또는 2.5 등으로 표시되기 시작했다.

물론 학교 성적은 학교차에 따라 그 평가가 다를 수 있고, 학과목의 난이도도 학교와 학생 수준에 따라 다르므로 비교의 어려움이 있다. 그래서 SAT와 같은 표준화검사가 학교차와 개인차를 비교하는 데 큰 도움이 된다. 따라서 학업성적에 있어서 우선 SAT 성적으로 합격선을 먼저 긋는 것이 미국에서도 관행으로 되어 있다. 하버드대학과 예일대학은 SAT 성적이 어느 정도면 입학이 가능한지 이미 세상에 다 알려져 있다. 이같이 SAT 성적으로 먼저 합격선을 정한 다음 학교 성적을 평가한다.

이것은 우리나라에서 1964-1968년에 대학별 단독시험제로 선발한 것을 제외하고는 다년간(1954-1961, 1969-현재) 표준화검사 성적과 대학별 본고사성적 또는 내신성적 두 가지를 병행해서 채택한 것과 마찬가지다.

미국과 한국이 다른 것은 입학전형위원회가 있고 없고의 차이다. 그러나 미국의 위원회 제도라고 해서 모든 지원생을 위원회가 찬반투표로 일일이 결정하는 것이 아니다. 문제가 되는 학생들만 위원회가 맡아서 처리할 뿐이다. ○대의 경우, 3,707명의 지원자 중 125명(3.4%)만 위원회가 처리했다. 이 학생들은 앤더슨의 경우처럼 성적이 좋지 않으면서 동창회에서 압력이 들어왔다던가, 아니면 성적은 매우 우수하나 추천서 내용 중에서 이 학생의 결격사유(성격, 대인관계, 취미 등)를 지적한 사람이 있어서 입학 적격자로 포함되지 않았다던가 하는 학생들이다. 또는 성적은 그다지 좋지도 나쁘지도 않지만 능력이 있어 보이는 학생으로서 농촌에서 병든 아버지 대신 농사일을 하면서 부양까지 한 기특한 학생과 같은 경우에도 위원회의 심사대상이 될 수 있다. 말하자면 지원학생의 참모습을 평가할 수 없는 경우, 입학처는 위원회에 정당한 평가를 의뢰하게 되는 것이다. 어떤 면에서 인간적이고 교육적인 제도가 아닌가 싶다.

그리고 '기여입학제'에 대해서는 어떠한가? 우리나라는 대학 재정이 어려우므로 돈 있는 사람이 자녀를 대학에 입학시키기 위해 '기여'하면 입학을 허락할 수 있다는 견해도 있다. '기여'란 다름 아닌 기부행위다. 결론만 말하자면 미국에는 대학입학을 돈과 바꾸는 경우는 없다. 이 사실은 몇몇 명문대학의 입학처 직원과의 면접에서 확인된 사실이다. 앞서 앤더슨의 경우와 같이 '돈과 혼을 바꿀 수 없다'는 것이 그들의 원칙이다. 이러한 원칙 없이 대학을 경영해서는 안 될 것이다.

끝으로, 추천서에 관해 한 마디 하고 싶다. 외국대학에 입학원서를 제출할 때 원서와 함께 제출되는 것이 추천서다. 저명한 분께 부탁해서 그분의 추천서를 받는 경우가 있는데, 필자는 1954년에 미국 시카고대학에 입학원서를 제출할 당시 세 분의 추천서를 받았다. 고려대학교 유진오 총장님, 고려대 법대 학장 그리고 필자가 개인적으로 친분이 있는 어느 국회의원 이렇게 세 분의 추천서을 받아 제출했다.

영문으로 작성된 추천서가 필요했기에 필자가 초안을 잡아 작성한 추천서를 들고 그 세 분을 찾아가서 서명을 받았다. 지금도 학생들이 추천서를 써 달라고 하면 교수들이 학생들에게 초안을 잡아 오라고 해서 서명하는 형식을 취하고 있는 것이 사실이다.

그때 시카고대학 교수 한 분이 필자가 장학금을 받을 수 있도록 애를 써주셨는데, 그분이 쓰신 추천서는 필자가 평생 잊지 못할 그런 추천서였다. 그분은 추천서 사본을 항공편으로 보내주셨는데 A4용지로 5장이나 되는 분량이었다. 필자는 그 추천서를 읽고 시카고대학에 들어가는 것은 기정사실이라 생각했다. 성의가 가득찬 그 추천서의 내용을 읽고 필자는 이미 합격한 기분에 젖을 수 있었다.

그 후 필자는 학생들의 추천서를 써 줄 때마다 시카고대학의 사회학부 교수였던 그분의 추천서를 생각하며 흉내를 내려고 애썼다. 그분 덕분에 참으로 고맙고 귀중한 경험을 한 것이다. 그런 이유로 필자는 우리나라에서 교수나 교장, 교사들이 써 주는 추천서에 지대한 관심을 갖는다. 학생을 위해 추천서를 제대로 잘 써야 할 필요성을 느끼며 여기서 추천서에 관한 이야기를 꺼낸 것이다. 의례적이고 상투적인 추천서를 주고받을 것이 아니라 그 방식과 태도를 바꿔서 성의 있고 의미 있는 내용으로 학생에게 도움을 주고 직장이나 학교에서도 신뢰할 수 있는 그런 추천서를 쓰는 풍토가 되어야 할 것이다.

각주_____

[1] Warner, W. Lloyd, and Paul S. Lant, 「The Social Life of a Modern Community」. New Haven, Conn.: Yale University Press, 1941.

[2] Davis, Allison, Burleigh B. Gardner, and Mary R. Gardner, 「Deep South」, Chicago: University of Chicago Press, 1941.

[3] Moll, Richard, 「Playing the Private College Admissions Game」. New York: Penguin Books, 1986.

제6장

우리의 소원은 균형있는 학교교육 체제

어째서 자주교육을 말하게 되었는가? 어린아이들을 미국, 캐나다, 호주 등으로 조기유학 보내고 기러기 아빠가 양산되는 오늘의 우리 교육 현실이 참으로 딱하고 한심하다. '악화가 양화를 구축한다' 는 말처럼 사교육 온상인 입시학원이 기승을 부리는 나라, 그래서 공교육을 담당하는 학교를 낮잠 자는 휴식처로 만든 나라, 서구의 교육 선진국은 물론 인도, 필리핀 등 동남아까지 8만 명에 이르는 어린 유학생들이 외국생활에 적응하기 위해 정서적 불안과 갈등을 겪어야 하는 나라가 우리나라다.

우리 대한민국이 어리고 젊은 학생들을 국내에서 교육시키지 못하고 외국으로 내몰게 된 이유는 무엇인가? 예전에는 미국이 우리나라 젊은이들을 위해 많은 장학금을 설정했는데 지금은 장학금 없이 자기 돈을 들여서 외국유학을 떠나고 있다. 외국에다 쏟아 붓고 있는 그 막대한 교육비로 국내에 좋은 학교와 대학을 많이 설립해서 자주교육을 시행할 수 있지 않은가? 자립형 사립학교를 우리 돈으로 짓겠다는데, 그러니 설립허가를 내달라는데 정부는 왜 허가를 내주지 않는가? 참으로 이해할 수 없는 일이다.

대한민국의 우수한 두뇌가 외국으로 유출(Brain drain, 두뇌유출)되고 있다. 그 두뇌유출은 우리나라 경제가 왕성하게 성장할 것이라는 기미만 보이면 오히려 두뇌기차Brain train를 타고 다시 돌아올 것이다. 그러니 유출을 염려만 할 것은 아니다. 동시에 이 땅에서 두뇌양성과 훈련에 전념해야 할 것이다.

대한민국의 학교교육 체제는 이제 양적인 동시에 질적인 발전을 토착화할 시기다. 교육의 평준화와 수월성 확보를 위해 공교육과 사학을 구조적으로 연결시켜 사회적 상승을 염원하는 학부모와 학생들의 면

학기회를 보장하는 현대적 학교구조, 사회구조를 완성해야 한다. 교육의 자주를 보장하면 빛나는 미래가 우리에게 다가올 것이다. 공립학교가 못 하는 일을 사학이 보충하고 사학이 못 하는 일을 공립학교가 보완하는 학교구조를 완성해야 교육의 자주가 이루어질 것이다.

학생선발기능을 담당하는 학교의 팔다리를 쇠사슬로 묶어 놓는 과중한 정부간섭은 없어져야 할 것이다. 대학입시제도를 공평하게 그리고 효율적으로 만들 방법이 있는데도 이것을 외면하는 것은 교육원리를 마구잡이 정치원리로 적용하려는 정치권 인사들의 잘못이다. 조령모개하는 대학입시제도를 동요 없는 항구적 제도로 만들려면 사회계급을 초월한 자주교육이념으로 국민들을 무장시켜야 하고 왜 자주교육을 갈망하게 되는가 하는 이유와 동기를 확실하게 인식해야 한다.

1. 입시 정도正道를 이탈한 오늘 우리의 입학제도

6·25전쟁이 터지고 공산군이 서울을 점령하자 공산군이 한강철교를 통해 대거 남하할 것을 예상하고 한강철교를 폭파했다. 피난민과 이들의 차량과 수레가 서둘러 철교를 건너려다 비명과 함께 다리에서 떨어져 죽는 등 일대 아비규환이 일어났다. 군사적으로 철교를 폭파해서 적군의 진로를 차단하는 것은 불가피한 조치일 것이다. 진로를 막는다는 것은 군사적으로 사용되는 전법일 것이 분명하다. 그러나 학교교육에 있어서 인생가도에 선 학생들의 진로를 막는다는 것은 이유여하를 불문하고 큰 죄악이다.

학교사회는 원래 재능과 능력을 연마하는 학생들의 경쟁터다. 학생들의 타고난 재능과 후천적으로 키워지는 능력은 어차피 학업성적으로 나타나는 까닭에 성적다툼은 학교사회에서는 피할 수 없는 현실이다. 그리고 성적을 토대로 한 개인차와 학교차 또한 피하지 못하는 현실이다. 그런데 성적의 개인차와 학교차를 부정하며 결국 학생진로에 장애를 주는 일이 일어난다는 것은 상상조차 할 수 없는 이변이다.

서울대 신입생들의 동향에 변화가 나타나기 시작했다고 한다. 2005년 9월 5일자 조선일보를 보면 '명문고 출신 서울대 신입생 반으로 줄어'라는 표제의 기사가 있다.[1] 그러자 서울대가 〈1996-2005학년 합격자 배출 고등학교 현황〉보고서를 발표했다.[2] 이것을 보면 '1명 이상 합격자를 낸 고등학교가 10년 전에는 584개교였던 것이 2005년에는 무려 8,137개교로 늘어났다'는 것이다. 이것으로 보면 전국 고등학교의 수학능력이 평준화된 것 같은 느낌이 들기에 충분했다.

그리고 같은 보고서에 의하면 20명 이상 서울대 합격자를 낸 학교수에 있어 소위 '입시명문고'가 2004년에 26개교였던 것이 2005년에는 13개교로 줄었다. 1996년도에는 상위 20개교 중 특목고 출신의 서울대합격자가 1,090명이었는데 비해 일반고 출신의 합격자 수는 불과 286명이었다. 특목고 출신이 일반고 출신보다 3.8배가 된다. 이와 같이 서울대 신입생들의 수가 특목고에 집중되어 있었는데 점차 일반고까지 포함되어 평준화된 것으로 보였다.

그러나 이 결과는 비교내신제라는 신입생모집 방법이 변한 것에 기인했다는 사실을 알게 되었다. 즉 이것은 신입생들의 실력이 평준화된 것이 아니라, 비교내신제를 절대내신제로 바꾸어서 신입생을 선발한 결과였다. 특목고와 일반고 간에는 전부터 엄연한 학교차가 있었다.

특목고 1등 학생들과 일반고 1등 학생들 간에는 부정할 수 없는 격차가 있는데도 특목고와 일반고의 1등 학생들을 같은 수준의 1등으로 인정해서 일반고 또는 지방고의 1등 학생들을 특목고의 1등과 같은 대우를 했다는 것이다.

이러한 입학전형방법을 사용하면 아무래도 1등 학생수는 학교수가 많은 일반고 또는 지방고가 더 많을 수밖에 없다. 이런 까닭에 특목고 출신 서울대 신입생의 수보다 일반고나 지방고 출신의 신입생 수가 더 증가했던 것이다. 그렇게 되면 학생들의 진짜 '실력'이란 기준으로 보았을 때 특목고에서 공부한 성적 좋은 학생들이 입시전형에서 탈락하고 성적이 특목고에 못 미치는 일반고 학생들이 대거 합격하는 결과가 되는 것이다.

어느 학교나 마찬가지겠지만 우수한 학생을 입학시키고자 하는 서울대와 일반 사립대들은 이런 일을 당하게 되는 까닭에 그 자구책으로 수능시험과 내신성적의 합격심사 비율을 조정하는 기존의 모집요강보다 과거의 본고사시절이 더욱 그리워진 것이고, 내신성적을 평가하는 데 있어서 상대평가, 즉 학교차가 있다는 것을 인정하는 고교등급제를 만들어 사용할 수밖에 없었다. 그러나 이 비밀리에 고교등급제를 반영한다는 사실이 교육부에 발각되어 대학이 감사를 받거나 총장이 시말서를 쓰게 되는 일이 벌어졌다. 그래서 결국 서울대를 위시한 각 대학이 이른바 3불 정책을 정면으로 반대하는 입장이 되어버렸다.

3불 정책에 반대하는 교수들의 이름이 일간신문에 기재되자 3불 정책의 운명이 다한 것 같은 인상을 준 것은 사실이다. 그러나 이런 신문기사가 제도개선에 얼마나 영향력이 있는지는 모를 일이다. 국민의 불만소리는 계속 커지고 있다. 불만을 토로하는 대학도 끊이지 않는다.

그래서 자주 나오는 것은 통합식 논술고사라는 것인데 무슨 새로운 시험방법인 것 같은 인상을 풍기지만 논술시험을 이름만 바꿨을 뿐인 이런 것의 숨은 의도를 민감하게 파악하고 있는 행정당국의 반응은 언제나 부정적이고 반대다. 기본적 교육이념이 서로 다른 정치세력을 옆에 둔 교육부가 여하한 대학측의 잔꾀에 넘어갈 가능성은 전혀 없어 보인다.

이런 상황에서 대학들은 자체적으로 대학 간의 학생유치경쟁을 심화시키는 방법을 오래 전부터 써왔다. 이 사실을 만일 외국에서 알게 되면 그들은 우리나라 대학을 가엾게 여겨 멸시보다는 동정의 눈초리를 보낼 것이라 생각한다. 필자는 이런 사태를 '대학측의 무례함'이라고 표현한 적이 있다. 첫 번째 '무례함'은 1999년도 신입생모집 과정에서 나타났다. 대학입학 전형제도가 워낙 기본구조, 전형절차와 방법 그리고 전형자료 사용 등에 있어서 매우 '다양성'이 있다고 떠벌리는 판이어서 변호사직과 비등한 전문적 입학자문가를 고용할 판국이었다.

이때는 새로운 입시전형제도가 어찌나 '다양하고 복잡한지' 특별한 지식 습득이 필요할 정도였다. 그래서 그런지 대학측의 무례함도 극에 달했다. 1999년도 신입생모집 과정에서 드러난 무례함은 주요 대학들이 정시모집 마감을 하루 앞두고 고득점자들을 유치하기 위해 전형방법에서 논술과 면접비율의 반영을 낮춘다고 공표한 것이다.[3]

그들이 이렇게 한 이유는 전년도에 입시에서 있었던 문제 때문이었다. 전년도에 각 대학에서 치렀던 논술고사의 점수차(20점 또는 16점이라고 한다)를 그대로 당년에 적용하면 논술을 기피하는 우수학생들(수능 고득점자들)이 입학지원을 하지 않을 것이라는 판단에서 수능 고득점자를 유치하고자 주요 대학들이 입학요강을 갑작스레 바꾼 것이다.

이는 경쟁없는 이상사회를 건설한다는 기치 아래 무리한 평등정책을 추진하려는 정부당국의 규제로 인해 빚어진 일이다. 우리의 대학입시가 세계 각국에서 적용하는 경쟁요소를 집어던지고 정상사회에는 없는 제도와 규제를 만들어낸 결과임을 우리는 안다.

한강철교가 끊어졌을 때 사람들은 대도인 철교 위로 못 가고 다리 밑으로 내려가 배를 타거나 헤엄을 쳐서 강을 건넜다. 헤엄을 치다가 물에 빠진 사람도 있었고 배를 타다가 사고로 강을 못 건넌 사람도 있었고 돈이 없어 배를 못 탄 사람도 있었다. 대학입시에서의 대도는 경쟁을 인정하고 당당하게 수능시험을 쳐서 점수를 얻는 것이고, 평소에 열심히 공부해서 내신성적을 잘 받아 놓는 것이다. 이것 둘만 잘 해 놓으면 실력과 순위에 따라 입학문제는 해결될 것이 아닌가.

그런데 대도로 못 가게 하니까 대학들이 다른 나라에서는 하지 않는 면접시험와 논술고사를 치르는 것이다. 대학의 면접시험에서 도대체 무엇을 어떻게 하자는 것인지 알 수가 없다. 대기업 회장이 직접 나서서 입사지원자를 면접하는 풍토를 본따서 하는 일인 것 같은데, 왜 그런 제도를 대학이 만들어 하는 것인가. 대학교수는 교수로서 시간을 써야 할 일이 많을 터인데, 학생 논술답안지나 채점을 하게 되다니 참으로 이상스러운 제도에 몸을 담고 있다.

대학교수들이 본고사 답안지를 채점하는 일에 몰두하게 만드는 대학당국이나 면접시험을 보게 해서 유능한 입학지원자를 골라내게 하라고 엄명한 대통령의 대학입시 간섭은, 마치 한강철교가 멀쩡한데도 불구하고 철교에서 내려와 헤엄쳐서 강을 건너라고 지시하는 것과 같다. 세계가 수용하는 입시제도를 본받아 학교교육을 운영하지 않고 이런 비정상적인 규제와 엉뚱한 제도들로 많은 국민에게 고충을 더하게 하는 이유가 궁금할 뿐이다.

2. 자주교육의 토착화가 시급한 이유

오늘 우리는 이러한 점에 대해 논쟁해야 한다. 그것은 왜 학생들이 학원을 찾아다니면서 공부를 해야 하며, 이로서 학부모가 사교육비에 허리가 휘게 된 결과는 누구의 잘못인가에 대한 원인 규명을 해야 한다는 것이다. 그 원인은 우선 학교에서 1) 다양성을 살리지 못하고 2) 학생들이 교과내용을 이해하는 데 어려움이 있으며 3) 교사의 열의가 부족하고 4) 교수방법이 비효율적이며 5) 진학 진로 지도가 불충분하고 6) 학생 수준별 지도를 하지 못하며 7) 학원 강사의 실력이 더 우수하고 8) 수행평가 준비의 어려움 등을 이유로 학생들이 학교를 떠나 학원에 다니게 된다는 것이다.[4]

그런데 학교가 제 구실을 못하고 이렇게 되어가는 근본적인 이유는 전국교원노동조합(이하 전교조)이라는 것이 있기 때문이라고 한다. 전교조원들은 방과 후 학습을 거부하고 교안쓰기도 하지 않고 교원평가제를 전원이 나서서 반대하는 등 학교 내 학습분위기를 완전히 망치고 있다는 것이다. 이들은 전교조 지회 회합이나 교외소속 노동조합 휴업 데모에는 빠지지 않고 참석하는, 교원이라기보다는 노동자인 까닭에 학교교육이 제대로 이루어질 수가 없다고 한다.

그러나 이런 비판에 동의하지 않는 전교조 사람들은 그런 말들이 사실이 아니라고 한다. 아이들을 명문학교에 보내려는 학부모들이 아이들에게 학원교육을 받게 하는 것이라면서 학부모와 입시경쟁 사회환경을 모든 불행과 학교교육 부실의 원인이라고 주장하고 있다.

필자가 이런 학교교육에 대한 원인규명이 필요하다는 것은, 학교측과 교원노조측은 이런 사태를 바로 잡기 위해 효과가 드러나는 어떤 노력도 하지 않고 있다는 점에서 양측을 비판하기 위함이다.

우리나라의 교육 현실이 학교차를 인정하지 않고 있으니 마치 학교차가 존재하지 않는 것처럼 행동하라고 가르치는 교원노조에게 신랄한 비판을 가하고 싶은 것이 필자의 심정이다. 한강철교를 교육의 대도에 비유하는 것은 한강철교는 강을 건너자면 반드시 이용해야 하는 큰길인 까닭이다. 학교교육에서 길이란 학생들이 자기 재능과 능력을 믿고 공정하게 경쟁하는 것이다. 경쟁의 길은 갈등과 투쟁으로 얼룩진 싸움터가 아니라 선의의 경쟁, 상호부조하는 경쟁, 협동의 경쟁이다. 누가 더 효과적으로 자기 능력과 재능을 통해 국가사회발전에 공헌할 수 있는가를 겨루어 보자는 신사적인 경쟁을 의미하는 곳이다. 사회는 계급투쟁으로 가진 자를 멸망시키자는 싸움터가 아니라, 모든 계급의 사회구성원들이 (학생시절부터) 경쟁적 협동을 통해 다같이 잘 살기 위해 노력하는 화합의 장이다.

사립입시학원이 생기는 이유는 학생과 학부모들이 현행 학교교육에서 입시에 대비한 만족할 만한 도움을 받지 못해서 학원을 찾기 때문이라는 것과 전교조 소속 교사들이 학생과 학부모가 원하는 학업지도를 하지 못해서 학원을 찾는다는 것은 맞는 말이다. 필자는 경쟁을 죄악시하는 교원노조원들의 편협한 교육과 정치이념이 성적 좋고 의욕 있는 학생들을 실망시키고 진로에 장애를 주는 것으로 생각한다. 교육 자답지 않은 이념과 행동이 문제인 것으로 파악했다.

그런데 교원노조가 대표하는 좌경 과격 사회주의 신봉자들은 매우 감당하기 어려운 두 가지 교육현상 앞에 속수무책으로 방관만 하고 있다. 그 두 가지 현상이란 하나는 특목고와 같은 특수 고등학교들이 전국에 56개교나 생기면서 이들 학교가 교육평준화 정책과 교육포퓰리즘에 정면으로 도전하고 있다는 것과 둘째는 외국으로 유학 가는 학생들의 수가 엄청나게 증가하고 있다는 사실이다.

요컨대 특목고의 수가 많아졌다는 사실 하나만으로도 정부와 교원노조는 재래식 교육평준화개념을 계속 고집하기 어려워졌다는 생각을 갖게 한다. 이는 필자로서는 매우 다행스럽고도 환영할 만한 변화다. 이렇게 변화가 일고 있다면 우리나라도 교육구조의 이중성을 쉽게 말할 수 있다. 즉 학교교육의 두 가지 사회적 기능인 사회구조의 항구성과 유동성 유지를 자신 있게 논할 수 있게 된다.

잠시 미국 비교교육학회에 대해 언급해야겠다. 미국 비교교육학회는 유학생문제를 정식으로 거론하여 유학생문제가 중요한 세계교육문제가 되었다는 이유에서 학회명칭까지 미국비교교육학회에서 〈미국 비교교육 및 국제교육학회〉로 변경했다.

미국 비교교육학회의 명칭이 개칭되었을 때 필자의 비교교육논문 지도교수였던 분이 미국 비교교육학회의 회장직을 맡고 있었다. 이 바람에 필자는 미국학회의 국제위원이 되었고 세계비교교육학회 이사회가 캐나다 터론토 시에서 개최되었을 때 한국도 정식 회원국이 되었다.

미국 비교교육학회의 개명을 계기로 각국의 비교교육학회에서 유학생문제가 연구과제가 되었던 것은 '두뇌유출'의 심각성이 각국에서 거론되었기 때문이었다. 그 당시 미국은 수혜국이었고 다른 많은 유럽나라와 후진국들은 피해자 입장이었다. 특히 미국에 유학 온 학생들이 졸업을 하고도 고국으로 돌아가지 않고 미국에 눌러앉는 일이 많아져서 이것이 이슈가 되었다.

한국 유학생들도 돌아가기를 거부했던 시절이었다. 그러나 세월이 지나서 피해국가의 유학생들이 공부를 끝내고 이름 있는 학자, 기술자, 의사, 법률가가 되어 금의환향하는 현상이 생겼다. 두뇌유출이라 생각되었던 현상이 이제 두뇌기차Brain train라는 개념으로 바뀌었다. 두뇌가 유출된 것이 아니라 기차를 타고 다시 돌아온 것이었다. 그러므로 장기간을 두고 보면 두뇌유출이란 없는 것이며 교육의 효과는 단시일 내에 이루어지는 것이 아니라는 것과 이로써 전 인류가 수혜자가 된다는 이론이 성립되었다.

우리의 경우도 마찬가지다. 한국인이 어떤 나라를 택해서 유학을 가든지 간에 결국은 한국에 도움이 되는 인재가 될 것이라는 희망에 대해서는 이의를 달 필요는 없을 것 같다. 그런데 문제는 유학에 드는 비용이다.

6·25전쟁을 전후해서 초창기에 미국 유학을 간 사람들의 유학비는 장학금, 현지에서 아르바이트로 번 돈, 부모 부담 등으로 구별이 되었다. 그러나 자비로 공부했다는 사람들보다는 그 나라의 장학금혜택을 받은 사람들이 더 많았을 것이다. 자기 나라 학문이 뒤떨어져서 남의 나라의 선진학문을 배우러 간 것도 그렇고 게다가 학비까지 신세를 지는 것이니 자존심도 상하고 약간 비굴해지는 느낌도 있었다. 그래서 더 열심히 공부를 했는지도 모른다.

그러나 지금은 상황이 많이 달라졌다. 그 나라 장학금을 받는 경우보다 고국의 부모가 학비를 보내는 경우가 훨씬 많아졌고, 우리의 학문이 그들과 비교해 많이 뒤떨어져 있다고 할 수도 없다. 또한 국제화 시대가 되어 학문에서 선진국과 후진국의 격차가 좁혀지고 나라 간의 교류가 일반화되어가고 있다.

그런데 지금 우리나라는 무절제한 유학 열풍이 불고 있다. 초등학생과 중고등학생들이 부모에게 떠밀려 너도나도 외국으로 나가고 있다.

우리에게 유학이란 대개 성인이 되어 학문을 더 깊이 공부하러 떠나는 것이었다. 지금 어린 학생들이 '유학생'이 되면서 유학비는 당연히 자비가 될 수밖에 없다. 어린아이들이 그곳에서 아르바이트를 할 수는 없는 노릇이니 소비자로서 그 나라에 가게 되는 것이다. 이는 마치 국산품을 사지 않고 외제 상품 구입에 돈을 쓰고 있는 것과 같다.

그리고 또 문제가 되는 것은 그 많은 한국 유학생들이 외국에 나가서 어떤 교육이념 하에 교육을 받고 오는가이다. 국내에서 전교조 교사들이 가르치는 학습내용이 '노동자, 농민이 주인이 되는 사회를 만들자'는 사회주의 사상에 근거한 것이라면 해외 유학에서 돌아온 학생들이 국내에서 공부한 학생들과 함께 이 사회의 주역이 되었을 때 과연 어떤 사상적, 정신적 갈등과 문제를 안게 될 것인지를 우리는 염려해야 한다.

국내에서 지금 많은 특수 사립학교들이 설립되고 있는데, 교육을 담당하는 교육인적자원부의 부총리와 뒤에서 강력한 영향력을 행사하는 사회주의자들과 그들의 지도자가 과연 어떤 교육정책을 고수할 것인지 궁금하다. 국내 교육이념이 언제까지 지금 전교조일꾼들이 주창하는 방향으로 계속될 것인지 알고 싶다는 것이다.

다시 한 번 전교조일꾼들이 생각해 볼 수 있도록 필자가 들은 사회주의자들의 교육이념의 일단을 나열해 보겠다. 특목고가 증가하고 있는 판국에 과연 다음과 같은 교육이 가능한가를 생각해 보자는 것이다.

1) 전교조가 주장하는 정신기조는 노동자와 농민이 주인이 되는 세상을 만들겠다는 것인데 왜 이 말은 일본의 일본교원노조가 내세우는 것과 똑같은가? 사회주의 체제구축을 지향하는 까닭이 아니겠는가?

2) 전교조가 지목하는 3대 주적이 교장, 사학 그리고 교육 관료라고

하는데 이 말이 맞는 말인가? 이들을 적으로 간주한다는 말은 현 교육구조를 무너뜨리고 새로운 사회와 새로운 교육구조를 세우겠다는 것이 아닌가?

3) 학교차를 인정하지 않고 고교 서열화를 용납하지 않는다는 것은 우리 사회현실을 인정하지 않겠다는 속셈이 아닌가? 사회현실을 현실대로 받아주는 아량이 없는 것은 교육기회평등을 교육평등으로 오인하는 것이 아닌가? 학교차를 인정하지 않겠다는 저의는 '있는 그대로의 사실'을 '없는 것'으로 인정하라는 독선자의 종교신앙과 같다고 생각하지 않는가?

4) 볼셰비키 혁명처럼 전교조 투쟁의 제1단계는 학교라는데 이 말은 맞는 말인가? 이 말에 순종하는 사람이 우리나라에 얼마나 있다고 믿는가?

5) 수업시간에 반미노래를 가르쳐도 이것이 교사의 학습권이라고 주장하는가?

6) 교사는 노동자이므로 교장과 재단이사장은 교사들의 사용자인가? 지금도 교사들의 노동을 착취하는 사람이 교장과 이사장이라고 생각하는가?

7) 사교육비가 왜 늘어만 가는가? 전교조회원들이 학교 보충 자율학습시간을 반대하기 때문에 학생들이 자연히 학원으로 가게 되는 것이 아닌가?

8) 전교조가 그 존재를 부정하는 특목고와 같은 특수학교들이 현재 56개교가 있다는데 이런 학교들이 학부모의 청원으로 설립이 늘어나면 전교조는 이런 학교들과 공조할 생각은 전혀 없는 것인가? 경쟁이 갈등을 조성한다고 생각하지 말고 경쟁을 협동으로 포용할 생각은 왜

갖지 못하는 것인가? 특목고의 숫자가 늘어 간다면 부득이 경쟁을 협동정신으로 포용해야만 할 터인데 그렇지 않다면 우리 사회는 어디로 가는지 걱정이 안 되는가?

9) 민노당에 소속된 민노총의 산하단체인 전교조는 학생들을 '학생동지'라고 부른다는데 이것은 동지가 되면 승리의 날까지 싸우자는 맹세를 뜻하는 말이 아닌가?

10) 전교조는 예비군 폐지를 주장하고 국가보안법의 폐지도 주장한다는데 그것이 사실인가? 사실이라면 학교교사의 사명이 무엇인가? 교육자가 정치참여를 해도 되는 건가?

11) 전교조의 회원들은 대한민국의 구성원인 것이 확실한가? 대한민국의 시민이라는 사실을 어떻게 증명할 수 있는가? 아니면, 대한민국의 시민이라는 사실을 증명할 필요를 느끼지 않는 사람인가?

대한민국의 국민이라는 긍지를 갖지 못한 사람은 이 나라에서 살면 안 되는 사람들이다. 그런 사람들이 교단에 서 있는 교사들이라면 더욱이 그렇다. 미국과 같이 개인주의가 강한 나라에서도 학교 교실 안의 교단 옆에는 항상 성조기가 세워져 있다. 그리고 야구나 미식축구 경기장에서 경기가 시작되기 전에는 반드시 미국국가가 연주된다. 우리나라의 교실에도 태극기가 걸려 있다. 대한민국의 국민이라는 사실을 잊지 말라고 학교가 가르치기 위해서다.

태극기가 걸려 있는 교실에서 우리의 군사동맹국인 미국에 대해 반미노래를 가르치는 교사가 있다는 이야기는 우리나라 교실이 무너지고 있다는 이야기가 아니고 무엇이겠는가?

전교조회원들은 이 점을 확실하게 결정짓고 교단에 임해야 할 것이다. 그리고 교장과 이사장은 교사의 사용자가 아니다. 교사의 사용자라고 믿는 사람들은 지금이라도 늦지 않았으니 자기의 정체를 밝히고 교단을 떠나든지 아니면 태극기 앞에서 자신이 대한민국의 국민이라는 사실을 선서하라.

3. 대학입시제도의 정도正道

대학입시의 정도는 우선 간단해야 한다. 모든 사람들에게 혼선을 일으킬 정도로 '다양성'이 있거나 복잡해서 전문가가 아니면 모르도록 만들어서는 안 된다.

우리 대한민국을 제외한 어느 나라에 '학생의 실력에 맞는 학원과 개인교사를 소개하고 학습 진도를 점검해서 학부모에게 보고서를 제출해서 보수를 받는 입학 컨설턴트'가 있단 말인가? 대학입학요강은 간단할수록 좋고 쉽게 이해할 수 있는 것이어야 한다.

원래 우리나라의 입학요강이 복잡해진 이유는 교육부가 관장하는 입시제도가 보통 평균 1년에 한 번씩 바뀌었다는 사실 때문이다. 정부가 어떤 규칙을 내놓으면 반드시 어떤 압력단체가 이의를 제출하여 그것을 수정하게 만들었던 까닭이다.

해방 직후 우리나라의 입시는 일본의 예에 따라 이른바 본고사를 치르게 했다. 본고사를 계속하는 동안 여러 번 입시부정이 있었던 이유로 (시험을 관장하는 사람들을 믿지 못하겠다고 해서) 교육부가 관장하는 연합고사라는 시험제도를 채택하기에 이르렀다. 입학부정이라는 괴물을 어떻게 방지하느냐의 문제는 오늘날까지 '요주의' 안건이 되어 왔다는 사실을 잊어서는 안 된다.

그러다가 미국에서 개관식 문제방식이 도입되면서 채점부정을 방지할 수 있는 최상의 방법으로 선택된 것이다. 교사들이 주관식으로 채점하는 것보다 객관식 문제의 답을 기계가 채점하는 것이 더 신뢰할 수 있다고 믿는 까닭이었다. 그래서 그 후부터는 1점이나 2점도 아닌 0.5점으로도 당락이 좌우되는 일이 속출했다. 결국 입학부정을 방지하는 데는 공이 있었는지 몰라도 교육평가 방법이 오직 개관식(문제) 출제와 채점방법의 유행으로 학습지도에 적지 않은 '혁명'을 불러 일으켰다. 학원들도 새로운 입시 비법을 가르치고 돈을 받는 데 재미를 붙이게 되었다.

그러자 학력고사, 연합고사 또는 수능검사 등으로 불리는 시험이 등장했다. 이것의 장점은 표준화되었다는 데 있는데, 도량형 등의 계기가 표준화되었다는 뜻과 같다. 수능시험에서 표준화되었다고 하면 이 방법으로 테스트한 성적이 기준이 되고 모범이 된다는 것이다. 왜 기준이 되고 모범이 되는가 하면 이 검사에 응한 사람의 점수가 전체 응시자 중에 몇 등인가를 알 수 있고, 다른 사람의 점수와 비교할 수 있는 까닭이다.

만일 A, B 라는 두 학교에서 다른 문제지로 영어시험을 치르고 채점을 했다고 하면, 이 경우 두 학교 학생들의 영어실력은 서로 비교할 수 없다. A학교에서 70점을 받은 학생과 B학교에서 60점을 받은 학생은 자기 반에서 몇 등인지는 알 수 있지만, 누가 영어실력이 더 좋은지는 알 수 없다. B학교의 70점이 A학교의 80점보다 우수할 수도 있다. 두 학교가 서로 비교할 수 있는 점수를 얻으려면 같은 시험문제로 시험을 치러야 할 것이다. 이것이 표준화검사이고 이 때문에 표준화검사가 유행하기에 이르렀다.

지금의 대학수능시험은 전국 학생들을 상대로 하는 까닭에 이것을 표준화검사라고 부르고 이것의 성적으로 합격자를 공평하게 선정할 수 있다. 수능시험은 광범위한 학습내용을 중점적으로 한 번만 점검하는 식의 시험이고 내신성적은 한 학기동안의 누적된 교과성적인 까닭에 둘을 합하면 더 확실한 성적평가가 될 수 있다. 그러나 각 고등학교에서 대학에 제출하는 내신성적은 그 기준이 각각 다른 까닭에 고교등급 일람표를 만들어서 이를 기준으로 각 학교의 내신성적을 재평가해야 한다.

객관식 시험문제가 한국에 도입되면서 교육부는 만세를 불렀다. 무엇보다도 점수가 확실해서 채점시비가 일지 않고 (그 대신 문제의 답이 명확하지 않아서 물의를 일으키는 경우가 생긴다) 문제지만 작성하면 채점은 기계로도 할 수 있는 탓에 인기가 좋을 수밖에 없었다. 그리고 문제의 정답이 확실해서 시험을 치르고 난 수험생들이 집에 돌아와서 자기나름대로 채점을 해 보면 합격가능성을 곧바로 알게 된다는 점에서 색달랐다.

필자가 미국에서 객관식 문제법을 처음 접해 본 것은 1954년 대학원에 입학하자마자 서양교육사 강의를 들었을 때다. 참고교과서의 분량이 500쪽이나 되었지만 강의내용과는 좀 다른 것 같았는데 최종시험은 4지선다형 객관식문제였다. 분량도 많았고 교과서 전체 내용을 다루는 시험이었다.

그러한 시험형태가 미국전체 대학에 그 당시 유행했던 것 같았다. 그런데 그 시험형태는 제2차대전 당시 미국군인들을 상대로 개발되었다는 것이다. 그러니까 우선은 미국군인들을 상대로 시험적으로 개발하기 시작하여 나중에는 미국 전 대학에 파급되었으니 대단한 성공작에 틀림없다. 물론 교육심리학을 전공한 전문가들에 의해서 그 시험 방법이 실험을 거쳤을 것이다.

지금 미국에서는 대학입학을 원하는 고교졸업예정자는 필수적으로 사립대의 경우는 SAT 검사를, 그리고 공립대 지원의 경우는 CAT검사를 거쳐서 그 성적을 제출해야 한다. 그래서 이런 표준화검사 성적을 수령한 대학의 입학처 사무직원은 처장의 감독 아래 일람표를 작성하여 합격가능자를 점수순서대로 표기한다. 그래서 서점에서 파는 대학입학안내서 같은 책에는 어떤 대학에 합격 가능한 점수가 몇 점인가를 알 수 있게 해 놓았다. 그러니까 우선은 대학입학 수능검사의 점수가 입학지원생의 첫째 관문임을 알 수 있다.

우리나라에서는 명문대학을 위시하여 대학입학 수능시험의 합격선이 어느 정도인가를 알리는 표라도 나오면 대학 줄세우기라고 야단법석이 날 것이다. 물론 한국에서도 입시학원에 가면 대학별 합격선 점수가 나와 있는 것을 알 수 있고 일간신문은 앞을 다투어 이 내용을 싣는다. 그러나 미국에 있는 동안 일간신문에 대학합격 수능시험 합격가능 점수가 발표된 것을 필자는 본 적이 없다. 그리고 미국 유수 일간신문에 대학입시 예상문제가 게재된 것을 본 적도 없다. 필자는 어느 나라 일간신문사의 태도가 옳은지 결론을 내리지 못했다.

미국 대학들도 내신성적을 중요시한다. 그래서 수능시험성적과 내신성적을 합친 성적으로 제1차적으로 중요성을 가진 입학전형의 심사자료로 활용한다. 그런데 여기서 궁금한 것은 미국 대학에서는 학교차가 나타나는 내신성적을 어떻게 처리하느냐이다. 필자가 알아본 바에 의하면 각 대학 입학처에는 자기 대학에 입학하는 학생들의 출신 고등학교에 대해 많은 정보를 끊임없이 모아놓고 있다고 한다. 이런 정보가 출신고교에 대한 등급표형식의 기준이 된다는 말을 들었다. 한국 같으면 총장견책 문제가 나올 일이지만 미국과 캐나다에서는 아무런 잡음이 없다.

학교차에 대해서 유난히 규제가 심한 것은 한국뿐인 것 같다. 필자가 말하는 대학입시의 정도正道는 바로 두 가지 성적을 활용하는 것을 의미하는데, 한국에서는 이 두 가지 성적을 대학들이 이용하려면 몇 가지 규제가 작용한다. 샤일록이란 악덕 고리업자에게 판사가 했다는 말이 생각난다. "그러시오. 원하는 대로 살점을 저미고 싶으면 그렇게 하는 것을 허락하겠소. 그러나 피 한 방울도 흘려서는 안 되오. 살을 저미는 것은 계약서에 기재되어 있으니 허락하겠지만 피를 흘려도 좋다는 이야기는 없으므로 피를 흘리면 내가 당신을 처벌할 것이오." '베니스의 상인'에 나오는 대사가 이러했는지 정확히는 모르지만 "수능시험이나 내신성적을 입학자료에 활용하는 것은 허락했으나 인적자원부가 학교등급표를 이용하라는 말을 언제 했단 말이오?" 하는 말과 너무나 흡사하다.

"피를 흘리지 말고 살을 베어라."와 "학교등급제를 이용하지 말고 학생을 뽑아라." 하는 말이 필자에게는 비슷하게 들린다. 이것을 우리는 모순이라고 한다. 이런 모순된 교육정책을 쓰는 나라가 또 어디 있을까? 이렇게 모순된 말을 예사로 하니까 대학들은 면접을 시험으로 취급할 수밖에 없고 논술고사를 본고사 대용으로 쓸 수밖에 없다.

그러니까 대학측이 3불 정책을 폐지하라고 주장하지만 필자는 정말 폐지해야 할 정책은 학교차를 인정하지 말라는 정책이며 그것이 더 근원적인 요구가 될 것이라고 생각한다. 구체적으로 말하자면 3불 정책은 더 이상 반대하지 않을 것이니 다만 고교등급표를 인정하라는 것이며 이것은 3불 정책 반대가 아니라 1불 정책 반대다.

그러나 입시정책의 기본은 '정도正道'로 돌아가는 것이다. 정도에서는 학교차를 인정하고 수능성적과 내신성적을 인정하되 여기에 어떠한 각색도 하지 말라고 하면 된다. 원점수만 인정하게 해주면 된다. 학교차를 인정해야 하므로 내신성적 평가는 대학측이 작성하는 평가방법이면 될 것이다.

4. 낫 놓고 기역자도 모르는 사람들의 세상

낫 놓고 기역자도 모르는 사람을 무식꾼이라고 한다. 우리 주변에 이제는 낫 놓고 기역자를 모르는 사람은 없을 것이다. 그러나 우리나라 학교제도를 놓고 이것이 계급사회라는 것을 모르면 신시대 무식꾼이라 불러야 한다.

왜냐하면 우리나라 학교제도는 분명히 계급사회를 반영하기 때문이다. 그런데 계급사회라고 해서 '교장과 이사장은 지배자요, 교사는 피지배자'라고 말한다면 이런 사람 또한 신시대 무식꾼일 것이다. 신시대의 계급구조는 여러 계층의 사람들이 비록 직업이 다르고 수입의 격차가 나더라도 서로 협력하고 협조하지 않으면 서로 잘 살지 못하기 때문이다. 그리고 이들이 갖는 소기의 목적은 자식들을 잘 키우고 공부시켜서 더 나은 생활수준으로 올라가 사회적 성공을 이루는 것이다.

잘살던 사람이 잘못해서 밑으로 내려앉는 경우가 있는가 하면 못살던 사람들 마루에 볕드는 날이 올 것을 기대할 수 있는 까닭에 사람들은 희망을 갖고 서로 더불어 살기를 원한다. 인생이 갈등이요 투쟁인 까닭에 이놈의 세상을 뒤집어엎어 버리는 승리의 그날까지 싸워나가야 한다는 생각을 가지면 협력과 협조의 정신이 생동할 수가 없다.

우리나라 학교제도는 모든 사람들에게 희망을 주며 자기 자신의 능력에 따라 성공할 수 있게 하는 지식, 태도, 의욕, 기법과 가치관을 심어 주는 역할을 한다. 그러나 사람이 자기가 태어난 배경의 영향을 받는 까닭에 비록 명목상으로는 교육의 기회평등권을 가졌다고는 하나 자신의 배경을 스스로 타고 넘어 자신의 능력을 힘껏 육성 개발하는 데 개인적 노력을 기울여야 한다. 물론 개인적 노력은 가족인 부모형제 간의 결집력이 크게 도움을 줄 것은 틀림이 없다.

학교와 사회구조가 비록 사회 계급적 영향을 개별학생들에게 끼친다고는 하나 가장 중요한 사회적 성공의 기본조건은 학교와 사회조직 속에 사회적 상승을 보장하는 통로가 보장되어 있느냐 아니냐에 달려 있다. 이 점에 있어서 우리나라의 학교와 사회조직은 개인에게 자유를 보장하는 까닭에 사회적 성공에 대한 기회를 터무니없이 박탈당하는 일은 없어야 한다.

그래서 우리는 교육과 사회조직에 있어서 사회구조 유지와 변화를 도모하려는 일견 상치되는 것 같은 양 세력이 작동하고 있다는 사실을 인정해야 할 것이다. 우리 사회에도 다른 인간사회에서 일어나는 현상이 있는 탓에 사회구조의 안정 유지와 발전 변화를 도모하는 세력이 항시 작동하고 있다는 사실을 인정해야 한다. 쉽게 말해서 현존하는 사회계급구조가 유지되기를 원하는 세력과 이것의 변화에 공헌하는 세력이 동시에 작동한다는 사실을 인정하자는 것이다.[5]

우리나라 학교제도를 살펴보니 어느새 사회계층에 따라 진급할 수 있는 통로가 두 갈래로 형성되어 있는 것을 알 수가 있다. 올해만 해도 2000년 3월에서 2001년 2월말까지 태어난 아동들이 초등학교에 진학하게 되어 있었다. 그러나 학부모들은 아동을 위해 무상의무교육을 받을 수 있는 공립학교에 보낼 것인지 아니면 등록금을 받는 사립초등학교로 보낼 것인지를 결정해야 했다.

필자가 살고 있는 광진구 광장동만 해도 동회에서 주민 3천 5백 명의 주민등록을 일일이 조사해서 마치 선거인 명단을 작성하듯 적령취학아동의 명단을 작성했다. 약 6백 명의 아동명단이 작성되었는데 이 가운데 약 5십 명가량이 사립학교 입학승낙을 받아야 했다. 어떻게 생각하면 있는 집 아이들과 없는 집 아이들이 서로 갈 길이 다른 것 같이 느껴져서 마치 이제 우리나라에서도 유럽과 미국 등 선진국에서 볼 수 있는 학교교육의 이중구조가 정착했다는 느낌을 줄 정도다. 이와 같은 이중구조를 교육의 복선형학제라고 할 수 있다.

그러나 초등학교 급에서의 복선형학제는 정부규제와 교육이중구조에 대한 교육이념의 결여로 인해 아직은 시행착오의 굴레를 벗어나지 못하고 있다. 사립초등학교의 수는 서울에 39개교, 전국적으로는 74개교가 있지만 학부모측의 수요는 많고 공급이 부족하여 이른바 입학경쟁이 심하다. 전국적인 평균 경쟁률은 1.9대 1이지만 학교에 따라서는 5.5 대 1, 4.6 대 1 또는 4.4 대 1의 경쟁률을 보인다.

정부규제 때문에 등록금도 특수층을 위한 특수교육이라는 이름을 들을 만한 교육환경의 수준이 못 된다. 대체로 사립초교의 수업료가 분기별로 70-90만원, 통학버스 이용료가 월 5-6만원, 급식비 월 5-6만원, 특기적성 교육비 4-6만원으로 합계 월 40-45만원의 학비가 소요되는, 특수학교치고는 저렴한 교육비가 지출된다. 그러나 어느 사립초등학교는 수업료만 3개월에 158만원을 지불한다고 한다. 사립초교에서 의욕적으로 편성한 교육과정인 원어민 영어 학습, 방과 후 예체능 특기적성교육 등을 감안한다 해도 일반 공립초교에 다니는 자녀를 둔 부모들이 학원과외에 쏟아 붓는 비용보다는 저렴하다는 계산이 된다. 요컨대 사립초교의 교육비가 싼 편이라는 결론이다.

입학경쟁률이 높아서 입학하기가 어렵다는 현실을 감안하면, 사립초교의 수를 늘려서 학부모의 초조한 마음을 해소시켜주는 것이 자유사회의 도리인 것같이 느껴지지만 그렇지 못해 늘 불만스러운 현실이다. 우리나라 학교운영에 있어서 항상 대두되는 불평이 정부의 관료주의 행정이라는 말은 예나 지금이나 끊이지 않는다. 결국 교육의 복선형학제의 장점마저 빛을 못 보고 시들고 있다는 사실이 안타깝다.

8·15해방은 일제강점 하의 신분제도를 타파했고 조선봉건사회의 유물인 지주와 소작인 간의 주종관계를 토지개혁을 통해 청산했다고 할 수 있다. 그러자 교육에 있어서는 교육민주화의 물결이 우리나라를 신생교육국가로 변화시켰다. 지금은 우리나라가 미국을 능가하는 세계 제1의(인구비례) 대학생인구를 갖는 나라가 되었다. 교육의 양적 팽창이 전 세계를 놀라게 했다. 이것은 분명 교육민주화의 승리였다.

그러나 교육의 보수주의는 어디론가 몸을 감추었다. 교육의 보수주의라고 하면 엘리트교육을 말하며 지도자양성교육을 말함인데 이것이 조선시대나 일제 강점기의 차별교육을 끝으로 우리 땅에서 사라져 버린 걸까? '귀족교육' 전통이 소리 소문 없이 우리 땅에서 사라졌을 리가 없다. 전에 박정희 대통령이 재임 시에 경기중학교를 없애버린 이후 우리나라에는 그러한 특수학교와 '귀족학교'가 완전히 없어진 것으로 되는 듯했다. 그러나 다른 군사정부 시절에 특목고가 생겨났다.

우리나라에서는 언제부턴가 특수 사립초등학교들이 생기면서 교복 입은 어린 학생들이 학교버스로 통학하는 모습이 시민들 눈에 띄기 시작했다. 각 대학에 부속초등학교가 생기면서 그 수는 급속히 늘기 시작했다. 그리고 지금은 과학고, 외국어고, 자립형사립학교, 국제고 등 무려 56개교의 특수목적학교들이 생겼다.

우리는 일간신문을 통해서 서울대 신입생들이 어느 고등학교에서 가장 많이 배출되었는가를 알 수 있게 되었고, 전국 6개 자립형 사립학교들이 광양제철교, 민족사관학교, 상산고, 포항제철고, 해운대고, 현대청운고라는 것도 알게 되었다. 그리고 이들 6개고가 서울대, 연대,

고대에 어느 정도의 학생들을 합격시켰는지를 알 수 있는 자료를 소개하기도 한다.

그리고 특목고 15년이 남긴 것이 무엇이냐는 질문과 함께 '한해 100명 이상 해외 명문대 직행'이라는 기사를 쓴 곳도 있다. 지난 5년간 163명의 사법시험합격자를 낸 00외고가 법조계 파워 창출의 선두를 달리고 있다는 소식도 알린다. 그래서 지금은 KS(경기고, 서울대)시대는 가고 DS(대원-대일 외고, 서울대)시대가 온다는 자극적인 소식도 알려 준다. 서울대 신입생 중에서 전국 48개 특목고 졸업생 비율이 2002년에 7.3%에서 2005년에는 9.9%이고 2007년에는 12.7%로 급속히 오르고 있다는 소식을 읽는 독자들이 무슨 생각을 하는지 알 수 없지만 '특목고벨트'라는 것이 서울과 경기지역에 형성된다는 사실을 실감나게 이해할 수가 있을 것이다. '특목고벨트'란 특목고 진학성적이 좋은 중학교들의 이름이 일반에게 알려지면서 이들 학교주변으로 학부형들이 해마다 몰려들어 아파트 값이나 전세 값이 뛴다는 곳이다.[6]

그리고 심지어는 특목고에 입학률이 높은 중학교뿐만 아니라 이런 중학교와 지리적으로 가까운 초등학교 근처로 주거지를 옮겨오기 때문에 역시 그곳의 아파트 값이나 전세 값이 치솟는다는 것이다. 따라서 초등학교 전학희망자가 급증하는 경향이 있다고 하는데 뜬소문만은 아닌 것 같다.

이와 같은 진학 열기는 "명문 중학교와 명문 고등학교로 가면 서울대 또는 명문 대학으로의 진학이 유리해 진다"는 소문과 믿음이 학부모들을 강하게 자극한 탓이다. 이런 자극이 강하면 강할수록 진학에 대한 관심이 고조되며 특수계층의 특수문화로 형성된다. 이러한 특수문화의 사회적 기능에 대해서는 특별한 연구조사가 요청된다.

그러나 냉철한 사실은 사실로서 자기 구실을 한다. 그것은 다름 아닌 사회구조에 관련되는 교육기능이 한국에서도 점점 뚜렷하게 나타난다는 것이다. 한국의 교육도 이중성을 띤 안정과 질서 대對 변화와 갈등의 두 가지 역할을 균형 있게 달성할 과제를 고려하게 된다.

우리나라는 이제 학교제도가 단선형이 아닌 복선형의 특성을 띠게 되었다. 우리는 복선형학제가 어떤 뜻을 가졌는지 다시 한 번 검토해 볼 필요가 있다. 특히 지금까지 교육이념에 갈등요인을 제공해 온 좌파적 인식에 어떤 변화가 있어야 하는지 검토가 필요하다 하겠다.

우리나라가 가지지 못한 사람들만을 위한 나라인가 아니면 사회계급의 고하를 막론하고 각자 자신의 뜻과 이상을 살려서 인생목적을 향해 살아갈 수 있는 자유의 나라, 공평한 나라, 그리고 사회적 이동이 허락되는 나라를 지향하는 나라인가?

우리가 진정 만인이 사회계급의 고하를 불문하고 모두가 행복하게 살기를 원한다면 우리나라가 갈 길은 명백하다. 특히 학교교육에 있어서 잘사는 사람이나 못사는 사람이나 자기 자신의 능력에 따라 행복한 삶을 살 수 있는 나라를 만들어야 한다. 이것이 사실이고 우리가 갈 길이 융합사회라면 교육제도도 만인에게 불만 없는 공평한 교육체제를 만들어야 한다. 그렇다면 우리의 교육제도는 민주적인 단선형을 택하면서 능력차에 따라 교육을 받을 수 있는 현대판 복선형 교육제도를 자주적으로 발전시켜야 한다.

복선형학제는 자유와 경쟁의 원칙에 입각하여 부당한 낙오자가 생기지 않는 그런 균형 있는 학제를 건설해야 하는 것이다. 쉽게 말해서 엘리트교육과 일반시민교육이 병행하는 사회와 학교조직을 완성해야 한다는 것이다.

그러나 우리나라 사람들은 해방이후 약 60년을 살아오면서 정치권력이나 재력의 힘을 과시하는 이른바 사이비 상류인사들에게 무한한 실망을 체험했었다. 그러나 우리나라는 자라나는 세대가 주력부대가 되는 희망찬 앞날을 바라보는 사람들이 많은 나라다. 이들에게 사회와 교육은 길을 터주고 희망을 안겨줘야 한다. 비록 과거의 상층 지도자들의 과오가 용납할 수 없을 정도로 심각하다 할지라도 앞으로 엘리트와 지도자 자리에 올라앉을 젊은이들에게는 무한정 길을 터주고 격려해야 한다.

그러자면 엘리트교육을 장려하고 지도자양성교육도 국내 학교와 대학들이 주도권을 잡고 활동할 수 있도록 도와줘야 하는데, 편협한 정치이념에 사로잡힌 사이비 지도자와 정당들이 마르크스주의를 이 땅에서 복원시키려고 안간 힘을 쓰고 있다.

복선형학제는 자유와 경쟁의 원칙에 입각해서 부당한 낙오자가 생기지 않는 그런 균형 있는 학제를 지향한다. 엘리트교육과 일반시민교육이 공존하는 학교조직인 것이다.

우리가 지금 원하는 것은 양적 교육보다 질적 교육이며 이를 위한 엘리트교육체제의 확립이 절실하다. 공부를 잘하고 학교성적이 좋은 청소년들은 우리나라의 희망이며 확실한 가능성이다. 그런데 지금의 현실은 이들의 앞길을 막고 방해하고 있다. 자녀들이 사립초등학교에서 공부하기를 원하는 부모들을 위해 학교를 더 설립하고 기회를 충분히 주어야 한다. 자비를 들여서 공부하겠다고 지원하는 학생들을 정원이 부족하다고 반수 이상이나 억지로 공립으로 보내는 나라는 없다. 학교 설립을 허가하지 않는 이유가 계층 간의 위화감이 조성될 수 있기 때문이라면 정부는 무조건 불허만 할 것이 아니라 그 방법을 연구해서 사립초교의 교육을 원하지만 입학하지 못한 아이들과 그 부모들의 불만을 없앨 수 있어야 한다.

엘리트교육을 받는 청소년들이 전부 있는 집 아이들만은 아니다. 인구 비례로 보아 그렇지 않은 집 아이들이 더 많을 수도 있고 중층아이들이 상층으로의 이동을 꿈꾸며 노력 중에 있을 수도 있는 법이다.

우리나라에는 지금 참으로 해괴한 일이 많이 벌어지고 있지만 그중에도 '걸작 중에 걸작'은 우리나라 교육부가 없어지기를 바란다는 여론이 있다는 사실이다. 왜 그럴까? 그 이유를 곰곰이 생각해 볼 일이다. 우리는 여기서 '가진 자'들의 편에 서서 못할 말을 다 한 것같이 느껴질 수가 있다. 그러나 '못 가진 자'들을 위해 무엇을 해야 하는가에 대해서는 할말을 못한 것도 사실이다. 그러나 소외계층을 위해서할 일은 많다. 이 점에 대해서는 앞장에서 이미 언급한 바가 있다.

각주_____

1 "명문고 출신 서울대 신입생 반으로 줄어", 조선일보, 2005.9.5.

2 "1996~2005학년 합격자 배출 고등학교 현황", 서울대학교.

3 김선호 · 김애란, 「대학입시제도와 대학교육」: 대학의 무례함. 서울: 장락, 1998. p.260.

4 한국교육개발원, 「사교육 실태 및 사교육비 규모 분석연구」. 서울: 한국교육개발원, 2003. p.100.

5 Eitzen, D. Stanley, "A Synthesis of the Order and Conflict Models", 「Social Structure and Social Problems」. Boston: Allyn and Bacon, 1974. pp.12-14.

6 중앙 SUNDAY, 2007.4.1. No.3.

제7장

결 론

1. 잘사는 사람과 못사는 사람이 더불어 사는 인간사회

학교는 사회의 축소판이다. 우리나라는 다른 자유민주주의 나라와 마찬가지로 잘사는 사람과 못사는 사람이 다 함께 어울려 사는 나라다. 학교사회도 마찬가지다. 잘사는 집 아이들과 못사는 집 아이들이 학교라는 공간에서 더불어 살고 있다.

이런 사회와 학교에서 평등은 우리의 이상이며 목표가 될 수 있다. 그렇다고 경쟁의 자유와 활동의 자유까지 속박해 가며 모든 국민들의 재산이나 명예 또는 건강까지 똑같은 평행선에 서게 해야 한다는 법을 만들 수는 없다. 설령 법을 만든다고 해도 이것을 독재자의 권력으로 강제로 통제하기 전에는 그 실현이 불가능하며, 독재자라도 그런 일을 하루아침에 입안해서 하루아침에 실천에 옮길 수는 없는 노릇이다.

그러나 우리나라에는 편협한 정치이념을 신봉하는 친북좌파 정치인들이 못 가진 사람들과 이들의 자녀들을 오도하는 데 전력을 다하고 있다. 학교사회에서 벌어지고 있는 몇 가지 중요한 일들을 살펴보기로 하자.

사회에서는 돈 벌기에 경쟁이 없을 수 없고, 학교에서는 좋은 대학에 가기 위해 성적의 경쟁이 없을 수 없다. 좋은 대학을 나오면 졸업 후에 좋은 직장을 얻는 데 큰 도움을 된다. 따라서 학생들은 대학입시에 본인도 모르게 긴장하게 되고 경쟁시험에서 남들에게 뒤지기를 싫어한다.

그런데 "이제는 학교공부를 경쟁이라고 생각할 필요가 없다"라고 가르친다면 어떤 세상이 올까? 수능시험에서도 문제를 쉽게 출제할 뿐만이 아니라 원점수를 사용하지 않고 등급제를 적용한다. 치열한 입시경쟁으로 인해 사교육만 번창하게 만드는 일을 막기 위해서라도 고등학교는 물론 대학까지도 평준화정책을 고수하는 것이 옳다고 대통령까지 교육부시책을 옹호하고 있다.

다시 말해서 노무현대통령의 '부잣집' 또는 '돈 많은 사람'이 몇몇 일류대학을 나와서 요직을 독점한다는 말은 다분히 어떤 정치적 목적 달성을 위해 계급의식을 선동하는 것같이 들린다. 노무현대통령은 4월 9일 EBS특강에서 "부잣집, 많이 배우고 돈 많은 사람은 대학 가고 아닌 사람은 못 가고, 그렇게 해서 몇몇 일류 대학 나온 사람만이 요직을 독점할 것"이란 말을 남겼다.

이런 말을 못 가진 사람들이 들었을 때 어떤 느낌을 가질까를 한번 생각해 본다. 그리고 청와대 브리핑에서 "… 이렇게 가정환경의 학업성취도에 대한 영향이 압도적으로 크다는 것은 지금 아이들은 결코 시험점수로 골인지점이 표시되는 백 미터 경주에서 같은 스타트라인 위에서 출발하지 않는다는 것을 뜻합니다. 가정환경에 따라 어떤 아이는 30미터 앞에서 출발하여 70미터만 달리면 되고, 어떤 아이는 10미터 앞에서 출발하여 90미터만 뛰면 되고, 어떤 아이는 100미터를 다 달려야만 하는 것입니다. 이러한 게임의 불공정성은 우리사회의 흐름상 특별한 조치가 없는 한 나날이 심화되어 갈 것입니다"라고 했던 내용을 모든 사람이 읽도록 인터넷에 띄워 놓았다.

현직 대통령이 자리 잡고 나라를 다스리는 청와대에서 어떻게 이러한 무서운 말이 나오는지 참 모를 일이다. '특별한 조치'란 뜻이 행여나 가정환경이 어려운 아이들을 위해서는 부득이 앞으로 가정환경이 좋은 아이들과 그 출발점을 바꾸어 주겠다는 것인지도 모르겠다.

그리고 여기서 거론하고 싶은 것 한 가지는 '부유층'이라는 용어의 사용법이다. 일간신문에 빈부의 격차라는 기사만 나오면 부유층을 욕하는 것 같고 "부잣집, 많이 배우고 돈 많은 사람은 대학 가고 아닌 사람은 못 가고…."하는 말에서도 부유층에 대해 계층감정을 노골적으로 드러내 자극하는 것같이 들린다. 그러나 대학에 진학하는 아이들이 전부 부유층은 아니다. 그리고 서울대에 입학하는 학생들 중에 부유층이 절대다수인 것처럼 말하는 것도 어폐가 있다. 그렇지 않기 때문이다. 이 점에 대해서는 이미 앞장에서 검토해 본 바가 있다.

이에 대한 통계는 여러 학자나 관계 국가기관에서 성의껏 조사해서 일반인에게도 알려야 할 일이다. 일례를 들어 2006년 현재 175개 4년제 대학이 있는데 이곳에 다니는 대학생 수가 1,888,436명으로 되어 있다. 이들의 계층 분포가 어떻게 되는지 궁금하고 더 나가서는 명문대학에 다니는 재학생들이 어떤 가정환경에 태어났는지도 궁금하다.

필자의 흔들림 없는 생각(가설)은 우리나라의 절대 다수의 학생들은 부유층이 결단코 아니라 중층과 하의 상층 출신이라 믿는다. 중층 중에서 중상층을 제외하면 이른바 서민층이 절대 다수의 위치를 차지할 것으로 본다. 이 점에 있어서는 서울대를 포함한 일부 명문대학을 포함한 대학의 학생들은 부유층이 아니라 사회적 상승을 꾀하는 중간계층이라는 것이다. 다시 말하자면 대학생들은 부유층이 점유하고 있는 것이 아니라 서민 또는 보통사람들의 아이들이라는 것이다.

그것은 우리나라의 학제가 민주화의 물결을 타고 출발한 탓에 대학교육이 지극히 개방적으로 열려 있었던 까닭이다. 그러나 대학교육의 개방성에 있어서 이것(학제)이 없는 집 아이들에게까지 그 혜택이 미쳤다고는 보기 어렵다. 원래 하의 하층까지 대학교육의 혜택이 미친 역사는 없는 것이다. 낙후된 문화 환경의 개선 없이 교육이 성공한 예가 없다. 따라서 부유층은 누구를 말하며 '불우한 집안' 아이들이란 뜻이 하의 하층을 의미하는지 아니면 하의 상 또는 중의 하까지를 포함하는지 그 점을 명백히 해야 할 필요가 있다.

능력 있고 인성, 즉 향학열이 강한 학생이 비록 하의 하 또는 하의 상층에 있다고 하더라도 이들은 사회와 학교가 발굴해야 할 영재교육의 대상으로 대우해야 할 필요가 있을지언정 이들을 지진아 또는 문제아로 분류해서는 안 된다. 불우한 환경에 처해 있는 아이들 중에는 향학열이 결여된 경우가 있다는 것, 그리고 이런 아이들을 백미터 경주에서 특혜를 준다는 것이 어떤 효과를 낼지 그것은 장담할 수는 없는 일이다. 향학열을 고려하지 않은 채 불우한 환경에 처해 있는 아이들을 30미터 앞줄에서 출발하게 해서 소정의 좋은 효과를 거둘 수 있는지는 알 수 없다고 현대 교육심리학자들도 비관적인 견해를 표시할 것 같다.

우리 대한민국은 해방 이후 사회계층의 상승이동이 개인적으로 또는 집단적으로 광범위하게 이룩된 나라 중의 하나이다. 이 자랑스러운 사회변화를 고맙게 그리고 자랑스럽게 받아들여야 한다. 다시 말하자면 우리나라 모든 국민이 작으나 크나 경제적 또는 문화적 혜택을 골고루 받았다는 이야기다. 하늘에 감사할 일이지 원망할 일이 아니다. 역사를 바로 잡아야 한다던가 하는 소리는 한국사회의 발전상을 안중에 두고 있는 사람들이 아니다.

2. 다시 찾아간 대왕초등학교

2007년 5월 30일, 필자는 그동안 다시 가 보고 싶었던 대왕초등학교를 찾아갔다. 대왕면은 전에는 경기도와 서울시에 인접한 시골 마을로 천호동에서 시외버스를 타고 한 시간이 걸리는 곳이었지만 지금은 서울시에 편입되어 강남구 세곡동으로 변신한 교외 마을이다. 대왕초등학교는 4차선 도로가 동서남북으로 통하는 네거리에서 불과 백 미터 정도 떨어져 있고, 대로변에 있어서 도로와 운동장 사이에 높은 방음벽이 설치되어 있었다. 교사校舍도 예전 건물이 아닌 ㄱ자형의 붉은 벽돌 4층 건물로 변해 있었다.

학구가 서울시의 강남구와 서초구 그리고 경기도 지역으로 혼합이 되어 있어 행정적으로는 7개동으로 구성된다. 전부터 내려온 마을로 치면 그런 동네는 12개가 된다. 학구 내 마을들이 평면적으로 펼쳐져 있으며 학교가 멀어서 대중교통을 이용하게 되어 있다. 주변에는 농지, 비닐하우스 등의 영농단지가 많고 비닐하우스 거주 아동과 공부방이 없는 아동이 전체 아동의 38%가 되지만 각 가정에는 컴퓨터가 없는 집이 없다고 한다. 국민기초생활수급자와 중식지원아동이 전체의 10%가 된다고 한다.

대왕초등학교는 전체 23개 학급에 특별영어 학급이 포함되어 있고, 전체 학생수는 약 610명, 교사수는 교장, 교감 그리고 특수학급교사 2명을 포함해서 모두 31명이라고 한다. 46년 전에는 교사수가 교장과 교감을 포함해서 12명이었고 학생 수는 618명이었다. 학생수에는 변함이 없지만 한 반의 학생수가 60명에서 30명으로 줄어든 까닭에 교사수는 2배 이상으로 증가해 있었다.

가정형편이 어려운 아동들에게 국가나 대기업에서 무상으로 컴퓨터를 제공해서 모든 학생들이 컴퓨터를 갖게 되었고 예전의 콩나물교실도 사라졌다. 또한 교사수가 배로 늘었을 정도로 나라의 교육재정이 윤택해진 것이 사실이다. 그러나 필자는 초등학교 본연의 교육목표인 중층문화학습이 그동안 어떻게 달라졌는지 그것이 가장 궁금했다. 46년 전에는 조한주 교장이 일반교사들의 적극적 협조를 얻지 못하고 혼자 이 닦기, 손수건 가지고 다니기, 원족(소풍) 가기 등 새로운 생활습관을 길러 주는 데 무진 애를 쓰고 있었다.

그러면 지금 이 학교에서는 과연 어떤 내용의 문화를 가르치고 있는가. 물론 초등학교의 교과과정에서 배우고 있는 지식정도도 문화의 범주에 포함되는 것이지만, 이색적인 전교조와 같은 교사집단이 출현하면서 서울에 있는 초등학교의 문화교육이 어떤 형태나 내용으로 변했는지 궁금했다. 물론 필자가 찾아간 학교는 서울특별시에 산재하는 수많은 초등학교 중 한 곳에 지나지 않지만, 46년 전에 우리 연구팀이 목격했던 그 문화교육이 어떻게 변했는지가 정말 궁금한 일이었다.

필자는 대왕초등학교에 찾아 가기 전에 그곳 교장에게 필자의 방문의도를 전화로 말했고, 방문했을 때는 46년 전에 작성한 연구보고서의 사본도 한 권 전달했다. 그래서인지 이상천 교장은 바쁜 시간을 할애해 주었다.

이 교장은 필자가 궁금해하는 내용을 매우 잘 알고 있었다. 이 교장은 '이 닦기'에 대해 언급하면서 요즘은 아이들에게 '이를 잘 닦는 방법'을 가르친다고 했다. 체육시간의 일부를 할애해서 간호사 자격을 가진 보건교사가 전문지식을 토대로 교실에서 학생들에게 건강에 대한 이야기도 해주고 소프트볼만한 치아모형을 이용해 잇몸과 이를 닦는 법을 가르친다는 것이다.

중층문화교육에 대해서도 학생들에게 일상생활에 꼭 필요한 예절을 가르친다고 하면서, '친절과 사랑' 프로그램이라는 것을 설명해 주었다. 이 교장은 이 프로그램의 취지가 학생들이 평소에 서로 사랑을 표현하고 서로의 좋은 점을 찾아서 칭찬을 해주는 습관을 기르게 하려는 것이라고 하면서 칭찬수첩에 대해 설명했다.

이 수첩은 길이가 14.5㎝ 폭이 10㎝의 자그마한 수첩인데, 첫 장에는 '우리 서로 칭찬과 사랑을' 이라는 글씨가 적혀 있고 뒷장에는 이 교장이 쓴 아래 내용의 발간사가 실려 있다.

"우리 모두 다른 사람이 잘한 일을 아낌없이 칭찬해 주며 칭찬스티커를 모으다 보면, 사랑과 칭찬이 넘치는 아름다운 학교, 가정, 사회가 이루어질 것입니다. '장미꽃을 전하는 사람의 손에는 장미향이 남는다' 라는 말이 있듯이 우리 서로 아낌없이 칭찬해 가며 이 수첩 속에 장미향이 은은히 풍기는 칭찬과 사랑의 열매를 담아가는 대왕어린이가 됩시다."

이 수첩에는 날짜, 스티커, 칭찬내용, 주신 분이라는 난이 있다. 칭찬을 해준 사람은 선생님, 부모님, 친구, 자기 자신, 지역사회인사로 나누고 각각 빨강, 주황, 노랑, 초록, 파랑새의 스티커로 구분했다. 칭찬내용은 학교, 가정 등에서 아래와 같은 예가 해당되는 것이었다.

학교에서
친구가 지우개가 필요하여 빌려줌

옆 친구의 잘한 일을 칭찬해 줌

노트정리를 잘 함

청소를 잘 함

교실 화분에 물을 줌

가정에서

신발을 나란히 놓음

엄마심부름을 잘함

방 정리를 함

내 옷을 스스로 정리함

동생공부를 도와줌

자기 자신

눈에 잘 띄지 않는 곳의 쓰레기를 주음

잘못을 먼저 사과함

걱정하는 친구를 위로해 줌

친구와 헤어질 때 다정하게 인사함

사람들에게 밝은 모습으로 상냥하게 대함

다음 화제는 영어와 컴퓨터 교육에 관한 것이었다. 영어교육은 정규 수업과 과외학습 두 가지로 구분되는데, 과외수업으로 진행되는 영어 센터는 외부의 학원들이 원어민교사를 고용해서 진행시키는 것과 거의 같은 내용과 수준이었다. 영어교육은 컴퓨터를 통해서 진행되기도 한다.

영어를 생활화하자는 뜻에서 칭찬과 사랑의 수첩과 같은 크기의「언제 어디서나 공부하는 어린이 _Pocket English_」라는 148쪽짜리 작은 영어책을 전교생에게 나누어 주었다고 한다. 그밖에 도서실과 독서실, 아동 방송실, 과학실험실 등 특수 교실이 준비되어 있었다. 도서실은 1층에 마련되어 있는데, 교실 두 개를 도서실과 독서실로 쓰고 있었다. 아동들은 자유로이 서가에서 책을 꺼내볼 수 있고 서가에 꽂힌 책은 영어책을 비롯해 굉장히 많았다. 도서실 사서의 말로는 책을 대출해 가는 학생들이 많아서 할 일이 많다고 한다.

기타 아동 방송실, 과학실험실 등 특수 교실들이 준비되어 있는 것으로 보아서 31명 전체 교사들의 활동과 횡적인 연결이 빈번하고 유기적일 것이라 생각되었다. 교사들끼리 회의도 자주 갖는다는 교감의 말도 있었다.

대왕초등학교에서 있었던 특별한 행사를 소개하고자 한다. 그것은 6월 2일에 개최되었던 '교가校歌에 얼 구현을 위한 숯내걷기대회'이다. 숯내는 학교 옆을 흐르는 한강의 지류인 탄천炭川을 말하는 것이며, 이 행사는 46년 전의 원족과 같은 행사였다. 그러나 소풍은 아닌 것이, 전교생이 지역사회 어른들과 함께 교사들의 인솔로 숯내제방을 한 시간 30분정도 걸려서 걷고 학교로 돌아오는 걷기대회로 점심시간 전에 끝나는 행사였다.

필자는 행사의 성격은 잘 모르는 채로 행사 시작 30분전에 그 학교에 도착해서 아동들의 동태를 관찰하고 있었다. 아동들이 6월 날씨에 경쾌한 옷차림을 하고 등교하는 모습을 보면서 입은 상의가 학년에 따라 색깔이 다르다는 것을 알게 되었다. 아동들은 2인1조로 운동장에 떨어져 있는 쓰레기를 주었다. 3학년생 30명 한 반인 것 같았다. 아이들에게 다가가서 좋은 일을 하는 것 같은데 이 일을 하면 누구로부터 스티커를 받느냐고 물었더니 담임선생님이라고 대답한다.

그러고 나니 고학년 아동들이 접이식 의자를 두 개씩 양쪽 겨드랑이에 끼고 실내체육관에서 식장으로 나르는 것이 보였다. 흰 천막을 친 본부석의 귀빈석을 준비하기 위해 아동들이 직접 의자를 운반하는 것이었다. 이 학교의 아동들은 다른 곳에서 보고 느낀 것보다 대체로 쾌활하고 인사성이 있는 것같이 느껴졌다. 그것이 칭찬과 사랑의 스티커의 효력이 아닌가 하는 생각이 들었다.

행사에 참석한 손님들은 개회식 전에 교장실에 모였는데 그때 이상천교장은 손님들에게 파랑색의 지역사회인사용 스티커를 한 장씩 나누어 주었다. 한 장에 인쇄된 스티커는 90장이었는데, 필자는 열심히 해당학생들을 찾았지만 겨우 20장을 나누어 주었다. 걷기대회를 끝낸 아동들이 학교로 돌아와서 식수병에 담긴 물을 화단에 붓는 것을 보고 아이들에게 왜 거기에다 물을 버리느냐고 물었더니 버리는 것이 아니라 화초에 물을 주는 것이라고 한다.

그래서 기특하다는 생각에 스티커를 주는데 아이들이 몰려와서 구경을 하는 것이었다. 그래서 필자가 그 아이들을 바라보자 모두들 고개를 숙여 인사를 했다. 그래서 인사를 잘하니 스티커를 주겠다 하고 한 장씩 나눠 주었더니 또 인사를 했다. 스티커제도는 참으로 바람직한 제도라고 생각했다. 인사하라고 설교하는 것보다 아동들이 자연스럽게 인사를 하게 되는 것 같아 마음이 흐뭇했다. 물이 가야 배가 온다는 말이 꼭 맞는 말이었다.

필자에게 한 가지 기억나는 이야기가 있다. 그것은 미국의 인류학회 회장을 지냈던 솔 텍스Sol Tax라는 시카고대학의 교수가 50년 전에 사회인류학 강의시간에 했던 경험담이다. 그분이 대학원생으로 박사학위논문을 준비하기 위해서 중앙아메리카에 자리 잡은 과테말라 Guatemala에 사는 인디안 원주민에 대한 현지조사를 위해 그곳에 머물 때 나이 먹은 원주민들이 늘 하는 소리가 "우리 젊은이들을 보면서 저 애들이 장차 무엇이 될까 하는 생각을 하면 잠이 잘 오지 않는다. 아마 저 아이들 시대에 가서는 우리 땅은 망해서 없어질 것이다"였다고 한다. 이런 말을 대학원생 시절에 과테말라 인디언 어른들에게 늘 들었는데 그 때로부터 한 세대 30년이 지난 후 자기가 대학교수가 되고 나서 조사 연구과 관련해서 그곳 과테말라 인디언 촌을 다시 찾게 되었다고 한다. 그런데 재미있는 사실은 그 땅의 인디언들은 망하지 않고 다들 잘 지내고 있더라고 웃으면서 말했다.

그러나 이야기는 거기서 그치지 않았다. 사회인류학적으로 재미있는 것은 그때 젊은이들이 나이 먹은 어른이 되어 젊은 세대를 평하는 소리가 30년 전에 그들의 부모들이 했던 말을 그대로 하더라는 것이다. "저 아이들을 보고 있으면 마음이 편하지가 않아. 우리 땅이 곧 망할 것만 같다." 솔 텍스 교수의 이야기는 어른들이 무엇이라고 말하던 간에 사회는 망하지 않는다는 것이다.

대왕초등학교는 필자가 제1장에 소개한 중층문화교육을 시대정신에 맞추어 구체적 정의를 내리면서, 교육현장에 밀착된 학습과정을 현실화시키고 있었다. 지금 대왕초등학교에서 하고 있는 모든 학습활동이 앞으로 중고등학교에서 이수해야 할 교육의 토대가 되고 밑거름이 될 것이 분명하다. 모든 예체능교육의 기초가 초등학교 때 이루어진다는 사실을 알고 또 그렇게 믿는 사람으로서 대왕초등학교에서 실행되고 있는 지금의 교육효과가 오랫동안 우리나라의 장래를 떠받쳐 줄 것이

라 생각되어 초등학교의 기초교육에 큰 기대를 걸게 된다.[1]

필자는 대왕초등학교에 도착해서 이상천교장의 이야기를 듣기 전까지 대왕초등학교의 변화가 궁금한 동시에 우려도 있었다. 그것은 전교조에 관한 부정적인 이야기를 너무나 많이 들었기 때문이었다. 그래서 필자는 대왕초등학교에 전교조소속 교사가 있는지 물어보았다. 그랬더니 현재 31명 교사 중 단 1명이라는 대답을 듣고 몹시 다행한 일이라 생각했다.

끝으로 필자는 이른바 소외계층에 속하는 아동들에게 담임들이 각별한 관심을 기울여야 한다는 생각을 한다. 한반에 2-3명 혹은 4-5명이 되는 그 아이들이 어떤 부분에서 뒤떨어지는지를 알아내서 그것을 보충해 주는 학습이 필요할 것이다. 중층교육이 필요한 아이들이 바로 이들인 까닭이다.

3. 사회적 교육문제해결과 색깔론

학교제도는 사회를 떠나 성립될 수 없고, 사회는 학교제도 없이 다음 세대의 교육을 담당할 수 없다. 따라서 학교와 사회는 참으로 밀접한 관계를 유지하게 마련이다. 그러나 많은 사회인들은 형식적 교육제도의 기능과 필요성은 인정하면서도 때로 재정적 부담, 대학입시제도, 학교차, 교육방법, 교사들의 능력과 성의, 학습 분위기 등에 대해 불만을 갖게 되어 어떤 것은 사회문제로 대두된다.

사회문제란 사회적 규범에 위배되었을 때 나타난다. 다시 말하면 통상적 사회기능을 저해하는 현상이 사회문제이며, 상당수의 사람이 그들의 가치기준에서 용납할 수 없다고 판단되는 문제로, 교육에 있어서 예를 든다면 다음과 같은 것이다.

· 조기유학   · 특목고벨트   · 교원평가제 반대

· 보습 · 입시학원   · 시험부정행위와 표절행위 · 교육의 양적 팽창

· 대학입시경쟁   · 교원노동조합   · 교사들의 무기력 현상

· 학원폭력   · 도시와 지방 간의 교육격차 · 학교차

· 사학법개정   · 소외계층 아동들의 학력

이 모든 교육문제에서 근간을 이루는 것은 계층간의 이념적 갈등과 격차라는 현상이다. 어느 사회에도 사회적 구성부분과 부분 간의 분열과 갈등은 생기게 마련이다. 그 이유는 사회자체가 여러 부분으로 형성되어 있기 때문이다. 예를 들면 연령 · 성별 · 체력 · 지혜 · 가정배경 · 재력 · 직업 · 학력 등 사회를 구성하는 이런 부분들이 있는데 여

기서 가장 근본적인 질문은, "무엇이 사회부분 간의 기본관계인가?"이다.

첫째는 '사회구성 부분 간의 관계는 화합和合이다' 라는 대답이다. 사람들은 함께 살아간다는 입장에서 공통적인 이해관계를 갖는다. 물건을 생산하고 분배하는 데 있어서 공통이익을 위해 함께 이 과정을 보호하고 집행해 나가야 하는 필요가 있기 때문에 협력하고 화합해야 한다. 여기서 사회질서가 생긴다.

다른 하나의 대답은 '그렇지 않다. 경쟁과 갈등만이 있다' 라는 것이다. 화합과 갈등은 인간사회에서 목격할 수 있는 서로 엇갈리는 정상적인 현상이라는 사실을 우리는 부정할 수 없다. 따라서 이 모순을 해결하는 방법은 질서(또는 화합)와 갈등(또는 경쟁) 간의 지혜로운 조화이다. 사회학자들은 질서와 갈등이라는 두 사회모형의 장단점을 인정하는 까닭에 지혜로운 조화를 해결책으로 제시하게 된다.[2]

우리의 과제는 교육문제 해결에 있어서 어떠한 방안을 찾아낼 수가 있는가를 탐구하는 일이다. 그러자면 문제의 발생원인을 검토하고 지혜로운 조화를 어디서 어떻게 찾는가를 알아야 한다.

우선 조기유학이 이처럼 봇물 터지듯 성행하는 원인이 무엇인지를 살펴볼 필요가 있다. 조기유학은 소위 '없는 집'에서 할 수 있는 것이 아니다. 그렇다고 전부 '있는 집' 이라고 할 수도 없다. 또 있는 집들도 서로 격차가 있는 까닭에 상류층에 한정된다고 볼 수도 없다. 유학을 보내는 가정은 대체적으로 교육에 대한 정부시책이 마음에 들지 않는다는 이유가 결정적이다. 왜 마음에 들지 않는 것일까? 여러 가지 원인이 있겠지만 교육방법도 구태의연한데다가 진학진로에 너무도 많은 장애가 있어서 아이들에게 고생만 시킬 뿐 앞날이 보이지 않는다는 생각을 하기 때문일 것이다.

사교육비가 너무 많이 드는 까닭에 그 돈으로 외국에 나가면 질 좋은 교육에다가 장래성이 있는 교육을 받을 수 있는 까닭에 '기러기 아빠들'은 잠시 고생을 감수하는 것이다. 국내에서는 아이들에게 '쓸데없는 고생'만 시키고 장래에 대한 보장이 전혀 없으니 떠나는 것이라고 말하는 학부모들을 만류할 방법이 없는 것이 한이다. 쉽게 말하면 서울에서도 찾아볼 수 있는 외국인 학교 같은 학교가 있으면 보내겠는데 그렇지 못하기 때문이라고 하는 것이 한국을 떠나는 학부모들의 마음이다.

그렇다면 우리도 외국인이 다니는 그런 학교를 지으면 되지 않겠느냐고 반문할지 모르지만 그런 학교를 정부가 인가해 주지 않아서 못 짓는 것이라고 말할 것이다. 옳은 말이다. 학부모들이 그런 좋은 학교를 지어 주기를 간절히 원하는데도 그런 학교를 못 짓고 있는 것이 문제다. 여기에 우리나라는 교육이념적으로 매우 심각한 어려움이 있다.

사교육 관습을 강제적인 법규제와 위협으로 제지하려고 했던 과거 문교관료들의 시도는 성공하지 못했다. 그렇다고 방임주의적 교육정책으로 일관해서 학원들이 늘어나는 현실을 보고만 있어서도 안 된다. 어떻게 해서라도 학교교사들이 자기 임무를 완수하는 것으로 학생들이 학원을 찾지 않도록 해야 한다. 그렇게 하자면 교사들이 자기가 맡은 교실을 성문으로 생각하고 학생 한 명이라고 성문 밖으로 나가게 하면 안 된다는 각오를 가져야 한다. 그 각오는 교사들 자신이 학습지도에서 일류 교사가 되기 위한 여러 방안들을 고안 발전시켜야 한다는 자성에서 나올 것이다.

그러나 이렇게 학교교사들에게 책임을 전가하는 것도 문제해결에는 하등 도움을 주지 못한다. 가장 효과적인 방법은 다른 자본주의 국가들이 하듯 비싼 학교, 좋은 학교를 학부모들의 수요, 즉 요구대로 만들어 주면 된다. 그러나 이것은 지금의 우리나라 정부로서는 할 수 있는 일이 아니다. 뒤에서 목을 당기고 바짓가랑이를 잡아당기는 정치세력들이 있는 까닭이다.

대학입시는 학생 개개인이 자기 자신을 상대로 하는 경쟁이라는 것을 알아야 한다. 그리고 만일 남들과의 경쟁이라 생각하더라도 입시경쟁은 자기와 같은 실력을 가진 소수와의 경쟁이지 응시자 전원과의 경쟁이라는 생각은 말아야 한다. 예를 들면 자기가 지원한 대학 특정학과의 모집인원이 50명이고 지원학생이 300명이라고 했을 때 자기가 경쟁할 상대는 50명 안팎의 학생들이지 300명이 아니라는 것이다.

따라서 경쟁률은 1 대 1이지 6 대 1이 아니다. 이 점은 교사나 학부모들도 알아두어야 할 입시가이드다. 따라서 입시지옥이라는 말은 실력이 없는데도 불구하고 입시경쟁자가 안 될 만큼 공부를 잘 하는 학생들과 실력을 겨루어서 낙방하는 학생들이나 학부모들의 입장에서 나오는 말이다. 그러나 평소에 공부를 잘하는 학생들에게서는 좀처럼 입시지옥이라는 말은 안 나온다는 것이다.

따라서 입시지옥을 완화시키겠다고 수능시험출제를 쉽게 낸다던가 아니면 등급제를 만들어 낙방학생들의 심리를 어루만져 주려는 노력을 하는 것은 쓸데없는 일이라는 것을 알아야 한다. 만약에 서울대나 몇몇 일류대학에 합격하는 학생들은 '부잣집 아이들'이고 그렇지 않는 학생들은 모조리 '없는 집 아이들'이라고 맹신하는 국가지도자나 국회의원들이 있다면 이 점은 반드시 실증을 통해 알고 넘어가야 한다.

외국 선진국의 경우를 보더라도 Latin grammar school(영,미), Lýcee(프랑스) 그리고 Gymnagium(독일)과 같은 고전적인 학교의 전통을 이어받은 오늘날의 현대적 고등학교는 그 나라의 대학으로 이어지는 학문세계의 기강을 지키며 국가의 격을 높이고 있다. 우리도 특목고와 같은 학교가 일찍부터 발전되어 왔더라면 교육의 양적 발전과 보조를 맞추며 지금쯤은 선진국에 뒤지지 않는 학교체계를 토착화했을 것이다. 그러나 특목고의 출현은 군사정권시대의 산물일망정 교육평준화 시책에 맞서서 그 사명을 다해 온 우리의 자랑스러운 교육기관이다. 그러나 특목고벨트를 형성하여 세인의 이목을 끌고 있는 것은 교육의 이단자로 낙인이 찍힌 것과 별 다름이 없다. 왜냐하면 교육의 적자행세를 못하고 서자로서의 눈총을 받기 때문이다.

특목고가 우리나라 교육의 적자대우를 받으려면 적자대우를 해줄 사람들이 많고 또 적자노릇을 할 수 있도록 상응의 위치를 차지할 초등학교나 중학교들이 많이 건립되어 있어야 한다. 지금 특목고는 어느 외딴 섬을 지키는 단독주택과 같이 쓸쓸한 위치에 있는 형상과 같다. 외딴 섬에서 고독을 면하려면 특목고를 뒷받침해 줄 초등학교와 국제중학교 같은 학교들이 많아야 한다.

진정한 뜻의 특목고 고리는 학생들이 주거할 아파트들로 형성되는 것이 아니라 자립형 사립 초등학교와 국제중학교와 같은 학교들이 눈에 띄지 않는 고리를 형성하는 것이다. 그러나 그렇게 될 날이 언제 올지는 아직 아무도 모른다는 것이 문제이다.

시험부정행위와 표절행위는 학교교육이 실패했다는 증거를 보이는 것과 다름이 없다. 이것은 교사의 자질향상과 그동안 교사의 무기력한 업무수행과도 관련이 있는 것이어서 교원평과제와 함께 생각해 봐야 할 문제다. 그리고 학원폭력문제도 이것은 막느냐 안 막느냐와 같은 이러지도 못하고 저러지도 못하는 난처한 처지에 처해 있는 문제라기보다 응당 퇴치해야 될 문제인 까닭에 이런 문제는 이미 방향이 정해진 문제이다. 문제의 뜻이 정해진 문제이다. 그러기 때문에 교육의 사회문제치고는 단순한 문제가 된다. 다만 어떤 방법으로 문제 해결에 나설 것인지 그 과제는 남아 있다.

교육의 양적 발전에 대한 문제는 구체적 정의를 내리는 것이 좀 어렵다고 본다. 이 문제야말로 존 듀이가 규정하는 '이러지도 못하고 저러지도 못하는 그 정의가 불분명한' 문제인 것 같다. 물론 다른 모든 교육문제가 그 성격을 정의하기에 이러지도 저러지도 못하는 측면이 있다면 문제 해결은 어렵다. 이럴 경우 문제의 정의를 내리는 절차를 빨리 거쳐야 한다.

특히 전교조가 제기하거나 개입된 교육문제들은 존 듀이가 규정한 '난처한 내용-Perplexity'을 가진 문제가 된다. 존 듀이는 교실에서 갑자기 화재가 발생한 난처한 장면을 문제 상황에 해당한다고 했다. 교육문제가 이와 같은 당황스러운 사태를 야기했다면 우리 모두는 긴장해야 한다.

어떤 교육문제(예를 들면 평준화)가 문제가 되었다면 그것은 대개의 경우 교육이념이 개입된 경우라고 할 수 있다. 물론 교육이념이 개입되지 않았어도 문제가 생길 수 있지만 우리는 오늘날 너무나 많은 이념 관련 문제들을 안고 있다. 조기유학부터 대학입시문제와 사교육문제에 이르기까지 모든 문제를 이념, 즉 색깔논쟁으로 보면 타협점을 찾기가 매우 어렵거나 불가능하다는 생각을 하게 된다. 좋은 예가 사학법 개정문제다. 이것이야말로 교육의 일대 병목현상으로 보고 있다.

전교조와 사학사이에는 타협이나 조화의 실마리조차 보이지 않는 실정이다.

 그러나 오늘이나 내일보다는 먼 훗날을 위해서 우리는 타협의 가능성과 희망을 잃어서는 안 된다. 비록 지금 타협이 이루어지지 않는다 해도 우리는 우리가 어떤 노력을 했는가 또는 할 것인가에 대해서 방향을 잃지 않도록 정신을 차리고 있어야 한다.

4. 수직상승의 비결 : 경쟁상대는 결국 자신이다

끝으로 필자는 추상적인 문자에 담긴 격언이나 충고보다는 구체적인 사례를 통해 한 가지 메시지를 전해 볼까 한다.

그래서 대학이 아니라 중학교도 못 다닌 강원도 산골의 숯쟁이 아들로, 혼자 힘으로 노력해서 대한민국 국가기술 제1급 명장이란 칭호를 받게 된 김규한 씨의 이야기를 할 것이다. 이 이야기는 EBS 부부특강에서 감명 깊게 들은 이야기인데 EBS는 대통령뿐만 아니라 숯쟁이 아들의 성공사례도 방영해 주는 좋은 교육방송이다.[3] 그의 강의는 4회에 걸쳐 방영되었는데 첫 번째로 들은 이야기만 하겠다.

김규환 씨는 15세 때까지 양쪽부모를 다 잃었는데 모친이 먼저 유방암으로 세상을 떴다. 김규환은 아버지의 지시로 어머니를 모시고 누이동생과 같이 강원도를 떠나 대구로 가게 되었는데 그것은 아들이 몇 달 동안 잡부일을 하며 모아둔 돈이 약간 있었기 때문이었다. 아버지도 광산에서 일을 해서 돈을 좀 벌어 곧 뒤따라가겠다는 약속을 했다.

대구에 가자마자 첫날 저녁에 대구 쌀밥으로 엄마가 밥을 잘 드셨다. 그러나 수술 후에는 병세가 악화되었다. 그러다가 알루미늄 공장에서 일을 시작하던 그가 하루는 어떤 병으로 기진맥진하여 쭈그리고 앉아 있는 것을 본 공장주인이 용기를 내라면서 쇠고기를 좀 사 줘서 집에 가서 잘 먹었는데 뭔가 잘못되어 그날 밤 엄마가 고만 세상을 떠난 것이었다.

엄마를 어디에 묻어야 할지 모르고 있는데 동네 사람들이 거들어 주어서 그럭저럭 장사를 치르고 집으로 돌아왔다. 돌아오면서 주머니에 있던 돈 50원 중에서 30원으로 쥐약 한 병을 샀고 20원으로는 여동생을 주려고 아이스케키를 하나 샀다. 어머니도 돌아가셨으니 이제는 돈을 벌기 위해 일할 생각도 없어지고 자기 몸도 아프고 해서 죽을 생각을 했던 것이다.

그리고 여동생에게는 이제 쥐약을 먹고 죽을 것이니 주인집 아주머니 말 잘 듣고 잘 있으라고 유언까지 남기고 쥐약을 막 입에다 대려고 할 때 여동생이 울면서 아이스케키를 오빠 입에 쑤셔 넣으면서 "왜 죽어!"라고 고함을 질렀다. 정신을 차리고 생각하니 여동생을 두고 죽는다는 것이 몹시 안됐다는 생각이 들면서 그도 눈물을 흘렸다.

그러자 엄마가 돌아가시기 전에 미닫이 창문 구멍 뚫린 곳을 신문지로 땜질해 놓은 것이 눈에 띄며 거기서 신문광고를 보았다. 그것은 대우공장에서 기능공을 모집한다는 광고였다. 들여다보니 고졸 기술공을 모집한다는 광고였는데, 고졸도 아니었지만 그는 노트종이에 간단히 이력이랄 것도 없는 이력서를 써서 정해진 날짜에 그 공장에 갔다.

때마침 정문에서 수위 아저씨가 어디를 가느냐, 이력서를 좀 보여달라고 해서 이력서를 보여주었더니 이런 이력서를 가지고 어딜 가느냐, 집으로 가라고 하면서 그를 내쫓으려고 할 때, 마침 공장장이 차를 타고 지나가다가 그 광경을 보고 무슨 일이냐 물었다. 사정을 들은 공장장이 김규환의 성의에 감동해서 기능공이 아닌 사환으로 채용하기로 했다. 임시직원이 된 것이다.

그가 평소 부모에게서 배운 것은, "사람이 부지런하기만 하면 절대로 굶지 않는다"는 말이었다. 그리고 그의 가족은 엄마아빠가 서로 얼굴을 붉히고 싸우는 것을 한 번도 보지 못했을 정도로 화목했다. 그는 아침저녁이면 밥상을 앞에다 놓고 아버지가 노랫가락을 읊었다고 하면서 그 노래를 방송에서 재연을 했는데 노래 솜씨가 제법이었다. 집이 가난하고 병든 엄마가 계시긴 했어도 보기 드물게 그의 집안은 매우 화목했다. 이 정도의 살림살이는 下의 下층의 떠돌이신세는 아니고 집안문화가 제대로 반듯한 수준에 있는 것으로 보아 下의 上급은 되었을 것으로 짐작이 간다.

하여간 그는 사환으로 채용이 되면서 남들이 하지 않는 특별한 일을 하기 시작했다. 아침 4시에 일어나서 공장마당을 빗자루로 청소했고 공장의 빈터를 갈아서 여러 가지 채소들을 재배하기 시작했다. 일찍 일을 시작해서 아침식사는 늘 공장식당에서 했고 밭에서 나는 채소는 공장직원들에게 무료로 나누어 주었다. 그랬더니 그의 인기는 점점 올라갔다. 죽을 각오로 살자는 각오가 되어 있는 까닭에 그의 근면한 행동은 모든 직원들의 화젯거리가 되었다. 그의 운명이 바뀌고 있었던 것이다.

이런 소문을 듣고 평소 그를 눈여겨보던 공장장은 그의 노고를 치하하며 공장 밖이 아니라 이번에는 공장 안의 일을 도우라는 의미에서 기능공 보조원으로 승진시켰다. 그런데 여기서도 그는 가만히 있지 않았다. 공장기능공들이 출근하기 2시간 전인 아침 5-6시경에 공장에 나갔다. 하루는 그가 공장 안의 기계에 붙어 있는 전기스위치를 켜고 있었는데 공장장이 공장시찰을 나왔다가 그것을 보고 "너 지금 무얼 하고 있냐?"하고 물었다. 그는 전기스위치를 켜서 엔진을 가동시키고 있다고 대답했다.

공장장이 다시 "왜 이렇게 일찍 시키지도 않은 일을 하고 있냐?"고 물었다. 그는 "아닙니다, 공장장님. 직원들이 출근해서 그때 엔진을 가동하면 2시간이 지나야 제품이 나오기 시작하지요. 그런데 제가 일찍 나와서 이렇게 2시간 전에 기계를 켜놓으면 기능공은 2시간 앞당겨서 작업을 할 수 있지 않겠습니까?"라고 대답했다.

공장장은 놀라지 않을 수가 없었다. 그는 이때 기능공으로 승진했다. 그때가 그의 나이 18세였다. 기능공들이 고등학교를 나와서 차지할 수 있는 자리를 그는 자기 힘으로 쟁취한 것이다. 그의 노력은 기능공수준에서 멈추지 않았고 마침내 그는 대한민국이 인정하는 기술 명장이 된 것이다. 기계 깎는 정밀도에서 국제적인 수준에 올라야만 얻을 수 있는 기술의 보유자가 되었다는 것이다.

그리고 그는 영어공부를 시작해서 다른 공원들을 놀라게 했는데, 그 방법은 여행자 가이드에 적힌 각국 외국어를 외우는 것부터 시작해서 영어단어들을 천장과 담벼락에 붙여 놓고 줄줄이 외웠다. 그의 영어실력에 놀란 사람은 공장장 등 회사 간부들이었는데 그의 실력은 외국손님들이 공장을 방문할 때 잘 발휘되었다고 한다. 어떻게 된 영문인지 박사통역보다 김규환의 영어가 더 잘 통하더라는 믿지 못할 이야기다.

그런데 김규환의 성공비결은 동료들과의 경쟁이 아니라는 점이다. 그의 기술습득의 비밀은 기술의 경쟁이었지만 그 경쟁의 상대는 동료들이 아니라 자기 자신이었던 것이다. 그리고 그는 자기 자신이 개척한 종교가 있다고 했는데 그것은 아침저녁으로 회사를 위해 기도를 드리는 것이었다. "하느님, 제가 이렇게 잘 살게 된 것은 대우 때문입니다. 원컨대 대우가 더욱더 발전해서 저희 공장사람들을 보살피고 보호해 줄 수 있도록 도와주십시오."

김규환 씨는 비록 남들과 같은 정도의 학교교육은 못 받았지만 부모로부터 물려받은 근로정신, 성실성, 창의력, 봉사정신 등을 발휘해서 공장생활에서 두각을 나타내는 데 성공했다. 필자가 여기서 한 가지 생각하게 되는 것은 오늘의 노동조합회원들 가운데 김규환 씨처럼 생각하고 행동하는 사람이 얼마나 있는지 하는 것이다. 그리고 우리가 학교교육이라는 것을 얼마나 믿고 따라가야 하는지도 한 번쯤은 돌이켜 생각해볼 만하다.

각주 _____

1 학교교육의 중요성은 소외계층이라 불리는 하층 아동이나 학생들에게 중층문화를 전수한다는 데 있다. 중층문화를 터득하는 데는 '지름길'이라는 것이 없다. 100미터 경주에서 70미터 선에서 출발하도록 특별혜택을 준다는 것으로 문화환경에서 이득을 보는 일은 없다. 출발지점이 70미터 선이 아니라 120미터 선이 되면 더 많은 것을 배울 수가 있다.

2 Eitzen, D. Stanley, 전게서(1974). pp.5-9.

3 EBS 프로 주부특강, 김규환 Special. EBS 교육방송, 문의 (02)522-8400.